Frau Dorriman

Ein Roman.

Band 2

Frau Henry Wayland Chetwynd

Writat

Diese Ausgabe erschien im Jahr 2024

ISBN: 9789359946313

Herausgegeben von
Writat
E-Mail: info@writat.com

Inhalt

KAPITEL I.

Der Mann macht einen Heiratsantrag ... und die Frau mischt sich manchmal ein.

John verfolgte das einzige und unschuldige Ziel, Herrn Macrae die Wünsche seines Herrn mitzuteilen. Er stellte jedoch fest, dass es hier wie bei allen anderen Fragen zwei Seiten gab.

Mr. Macrae war ein beleibter, gut gelaunter Mann, der sich nicht sicher war, warum seine Westen so weit vorne hochgezogen waren; Er nahm an, dass Westen heutzutage nach anderen Prinzipien hergestellt würden. Als er jünger war, hatten Westen diese böse Angewohnheit nicht. Der Schnitt war wahrscheinlich anders. Als er gerufen wurde, zog er als Erstes seine Weste herunter, als Nächstes wischte er sich ein paar imaginäre Krümel von den Mantelärmeln und hielt dann den Kopf hoch und marschierte davon. Aber das Schicksal – und seine Frau – griffen dazwischen. Mrs. Macrae war eine schmächtige Frau, die freundlich und gutmütig war, aber einen scharfen Blick für ihre eigenen Interessen hatte und eine leichte Verachtung für sie hegte, da sie besser als ihr Mann in der Lage war, diese beiden Seiten einer Frage zu erkennen seine intellektuellen Kräfte.

„Wenn Sir Albert ein kleines Gespräch möchte, gehe ich selbst", sagte sie eifrig; „Vor allem, weil Mr. Macrae die Bar zur geschäftigsten Zeit des Tages nicht verlassen kann."

„Aber du wirst an der Bar genauso gut zurechtkommen wie ich", sagte ihr Mann unbehutsam, bereit zum Gehen und doch nicht ganz in der Lage, sich so entschieden durchzusetzen.

„Sowie du selbst!" sie kam mit großer Verachtung zurück. „Ich werde es in beiden Hinsichten genauso gut und besser machen als Sie. Sir Albert möchte wahrscheinlich über seine Ernährung sprechen, und was wissen Sie darüber?"

Mr. Macrae sah John an, der sanft sagte: „Ich bin sicher, der Meister würde sich freuen, Sie zu sehen, Mrs. Macrae, aber ich sollte auf Nummer sicher gehen und sagen: Nicht, wenn Sie beschäftigt sind."

Mr. Macrae ließ die Sache in Ruhe. Er war durchaus in der Lage, die große Widersprüchlichkeit im Vorgehen seiner Frau zu erkennen. Wie oft hatte sie ihm nicht gesagt, dass er nichts nütze und dass es ihr ohne ihn besser gehen würde, und doch konnte er jetzt nicht einmal für ein paar Augenblicke von der Bar verschont bleiben. Er begnügte sich jedoch damit, viel Verrat gegen das Geschlecht im Allgemeinen und seine Frau im Besonderen zu murmeln; und dann wandte er sich der Betrachtung der Straße und des Piers zu;

beobachtete das Toben zweier Hunde und das Entladen eines Karrens und ließ seine Weste ungestört zerknittern.

John erklärte seinem Herrn die Situation in einer hastigen Rede, und nachdem er ihn vorerst bequem untergebracht hatte, ging er ebenfalls auf den Pier, um sich umzusehen.

Mrs. Macrae betrachtete den jungen Mann mit dem ganzen Interesse an ihm, das für sie als seine Gastgeberin und als Frau voller freundlicher Anteilnahme typisch war. Seine starke Konstitution hielt ihn durch, aber es blieb noch genug Schwäche und Hilflosigkeit übrig, um den freundlichsten Teil ihres Wesens anzusprechen.

„Ich fürchte, ich mache viel Ärger, Frau Macrae", begann er in sanften, tiefen, satten Tönen – Töne, die überall zu seinen Gunsten ausfallen würden, dachte sie.

„Oh, denken Sie niemals an die Schwierigkeiten, Sir. Wir werden dafür bezahlt, dass wir uns die Mühe machen", antwortete sie hastig, eine angeborene Vornehmheit weckte in ihr den Wunsch, sein Pflichtgefühl zu schwächen.

„Ah! Aber Sie werden nicht dafür bezahlt, dass Sie es freudig annehmen. Mein Diener sagt, jeder sei so freundlich und hilfsbereit gewesen. Sie müssen mir erlauben, mich verpflichtet zu fühlen, und ich möchte Ihnen danken."

„Gern geschehen, Sir. Wie ist es passiert? Es war ein schrecklicher Unfall. Wenn es Sie nicht ermüdet, über alles zu reden, würde ich es gerne wissen."

„Ich habe das Schweigen satt", sagte er freundlich, „aber wenn Sie sich setzen würden, Frau Macrae, wäre das sehr nett von Ihnen. Wenn ich Sie stehen sehe, fühle ich mich müde."

Frau Macrae gehorchte und zog einen Stuhl heran, auf dem sie sich in einer äußerst unbehaglichen Haltung niederließ.

„Es gibt wenig zu erzählen", sagte er nach einer kurzen Pause. „Ich bin zu nah an den Rand eines stillgelegten Steinbruchs herangekommen, glaube ich, oder der Regen hatte den Boden, auf dem ich stand, untergraben; auf jeden Fall machte ich einen Schritt zu nahe an einen Teil, der tückisch nach vorne stand, und stürzte eine gute Höhe, wobei ich einen … Menge loser Steine und Kies bei mir, dann fällt mir nichts anderes mehr ein.

„Und ich wage zu behaupten, dass Sie lange gelegen haben, bevor Ihr Mann Sie gefunden hat, Sir. Nun, es hätte schlimmer sein können, sie hätten Sie vielleicht nicht so schnell gefunden."

„Oh, eine junge Dame hat mich zuerst gesehen und Hilfe bekommen."

Eine junge Dame! Da wurde Mrs. Macrae hellhörig. Es würde eine Romanze werden, dachte sie. "Eine junge Dame!" sagte sie laut; „Hier gibt es nicht so viele, Sir. Kennen Sie ihren Namen, Sir? War es einer, den Sie kennen?“

„Ich glaube, ich kenne ihren Namen“, antwortete er, öffnete das kleine Buch, das neben ihm lag, und hielt es ihr hin. „Kennst du sie? Wo lebt sie?“

„Grace Rivers!“ rief Frau Macrae aus. „Na, diese jungen Damen leben schon seit einigen Wochen hier; sie sind jetzt hier bei ihrer Tante; sie gehen einfach weg. Und wie bist du an das Buch gekommen?“

„Ich nehme an, sie hat es liegen lassen, als sie rannte, um um Hilfe zu rufen. Mein Diener fand es und dachte, es sei meins, und er brachte es hierher.“

„Nun, es ist eine Vorsehung, dass jemand vorbeigekommen ist. Sie hätten getötet werden können, Sir, und wären gestorben, ohne dass jemand da gewesen wäre. Miss Grace Rivers. "

„Wenn es mir etwas besser geht, möchte ich Miss Grace Rivers sehen“, sagte Sir Albert mit einigem Zögern, „um ihr zu danken; wissen Sie, wo sie lebt?“

„Das tue ich zwar nicht, Sir, wenn sie zu Hause ist; aber sie und ihre Schwester sind gerade hier.“

"Hier!" er rief aus. „Meinst du in diesem Haus?“

„Ja, hier, Sir, und es besteht kein Grund zur Aufregung; sie sind hier mit einer ruhigen, netten Dame, keine echte Tante, aber irgendwie mit ihnen verwandt, und sie werden alle bald weggehen.“

„Oh, sie gehen weg?“ und Sir Albert war unerklärlicherweise enttäuscht.

„Nun, Sir, sie kamen für ein paar Wochen, und ihnen gefiel der Ort und die Küche, und sie fühlten sich wohl, und sie blieben.“

„Ich bin mir sicher, dass es mich nicht wundert“, sagte Sir Albert höflich, „wenn Sie es ihnen genauso bequem machen wie mir.“

„I Ioot, Sir, und Sie, der Ja hat, sind schlecht. Wie können Sie das erkennen?“ und Frau Macrae lachte fröhlich; Sie fing an, sich bei ihm wohl zu fühlen.

„Ah, Slops – sind Slops“, sagte er mit einer kleinen Grimasse, „aber es gibt eine richtige und eine falsche Art, sie hochzuschicken. Ich erinnere mich noch daran, dass ich in der Schule krank war und die fettige Brühe und den kalten Brei – *kalten* Brei.“ !"

„Und vielleicht ist da ein Deal, der für dich bezahlt wird; nun ja, ich für meinen Teil glaube nicht an Schulen.“

„Jetzt ist Ihr Rindfleischtee gut, obwohl ich ihn langsam satt habe; und hat der Arzt nie mit Ihnen über meinen Umzug gesprochen? Ich sehne mich danach, rauszukommen."

„Ech, Sir, und Sie sind alle großartig – Sie sind wunderbar und so fröhlich."

„Bin ich fröhlich? Ich fürchte, Sie sehen Ihr eigenes Spiegelbild, Frau Macrae. Jetzt, da ich keine Schmerzen mehr habe, fühle ich mich langweilig genug. Aber ich bin sehr dankbar", fügte er in einem ernsteren Ton hinzu.

„Ich bin sicher, Sir, wir sind auch alle dankbar. Es wäre sehr schade gewesen, wenn Sie als Leiche hierher gekommen wären, und das ist für ein Hotel auf jeden Fall auch schlecht."

In diesem Moment trat John ein und meldete den Arzt.

„Ich bin früher da als sonst, Sir Albert. Ich muss etwas weiter weg, aber ich wollte Sie zuerst sehen."

„Danke! Mir geht es schnell wieder gut."

„Und ich möchte ausgehen", warf Mrs. Macrae ein und hoffte, dass das Gesicht der Ärztin Missbilligung zum Ausdruck bringen und ihre altmodische Vorstellung bestätigen würde, dass frische Luft bei allen Krankheitsfällen schädlich sei.

„Natürlich, sobald Ihnen der Umzug keine Schmerzen mehr bereitet, müssen Sie sich von schweren Prellungen erholen, immer noch – aber frische Luft. Ja, gehen Sie so schnell wie möglich raus – wenn Sie hier liegen, könnte Ihre Stimmung sinken. Ja, gehen Sie raus sobald du kannst.

Sir Albert schenkte Mrs. Macrae ein triumphierendes Lächeln, die sich erhob und sie verließ, sehr beschäftigt mit diesen neumodischen Gewohnheiten.

So geschah es, dass Sir Albert bald von einem Badestuhl über die ebene Straße am Meer getragen wurde und dass Mrs. Dorriman und Grace ihm auf diese Weise entgegenkamen.

„Miss Grace Rivers und ihre Tante, Sir Albert", sagte John hastig, als er sie kommen sah, und er wurde von seinem Herrn geschickt, um sie zu bitten, zu kommen und mit ihm zu sprechen.

Als sie näher kamen, war Sir Albert sich einer großen und überwältigenden Enttäuschung bewusst. Er muss von dem Gesichtsausdruck des Mädchens geträumt haben, sogar von der Farbe ihrer Augen. Dieses Gesicht war ähnlich und doch unähnlich, und die kalten stahlblauen Augen und der kleine, selbstzufriedene Gesichtsausdruck stießen ihn ab und machten seinen Dank zu einer Anstrengung, während er sich die ganze Zeit dafür hasste, so undankbar zu sein.

Er entschuldigte sich bei Mrs. Dorriman dafür, dass er es gewagt hatte, sie aufzuhalten, aber es lag ihm so sehr daran, Miss Rivers, Miss Grace Rivers, alles auszudrücken, was er empfand.

„Oh! Ich hatte nichts damit zu tun. Es war meine Schwester, es war Margaret", sagte Grace hastig.

„Ja", sagte Frau Dorriman, „die arme Margaret kam vor Angst und Schock ziemlich krank nach Hause."

„Ich bin so traurig", begann Sir Albert.

„Es geht ihr jetzt gut", sagte Grace schnell. „Schließlich konnte sie dir nicht helfen."

„Sie wissen nicht, wie sie mir geholfen hat", sagte Sir Albert ruhig. „Ohne ihren Mut, zu bleiben und mein Gesicht zu baden – mich sogar zu bewegen – wäre ich vielleicht gestorben. Ich hoffe, dass ich die Gelegenheit haben werde, sie zu sehen und ihr persönlich meinen Dank auszudrücken."

„Natürlich wirst du das", sagte Grace abrupt, ungeduldig wegen des Themas, bei dem sie keine Rolle spielte.

Mrs. Dorriman interessierte sich für die hilflose Gestalt und die Blässe, die von viel Leid zeugte – sie wäre gerne noch geblieben, aber Grace drängte sie weiter.

„Ich bin so enttäuscht", rief die junge Dame, „Sir Albert ist ernst und sieht überhaupt nicht gut aus, so blass und leichenhaft."

„Es ist nicht wundervoll, einen so schrecklichen Unfall gehabt zu haben, meine Liebe. Ich finde, er hat ein so schönes Gesicht. Ich bin sicher, seine Augen sind wundervoll, in seinem Gesicht steht Geduld."

„Und er ist Margaret dankbar, und das ist der einzige Grund, warum Sie sich für ihn interessieren", sagte Grace kleinlich. „Es ist immer Margaret."

Mrs. Dorriman sagte nichts mehr. Als Grace diesen Ton anschlug, übte sie eine Gabe aus, die sie besaß – eine Gabe von höchstem Wert – die goldene Gabe des Schweigens.

Es waren nicht viele Tage vergangen, als Margaret, die wegen einer Szene zwischen Mr. Sandford und Grace beunruhigt und besorgt gewesen war, an die Küste gefahren war, um sich an der frischen Luft zu erholen. Um sie herum herrschte die Stille des Abends, wenn alle ruhen. Die Sonne stand tief und erhellte den westlichen Himmel mit einem sanften goldenen Schimmer, der nur hinter hohen, flüchtigen Wolken zu sehen war, die ihre Pracht nur teilweise verhüllten. Jede Welle auf dem Meer fing einen zitternden Lichthauch ein, alle großen Hügel bekamen sanftere Schatten, alle

Ungleichheiten schienen zu einem harmonischen Ganzen vereint, so wie eine feine Seele manchmal Ungereimtheiten so lange vermischt, bis sie einem nicht mehr als unpassend erscheinen. Das Licht fiel sanft auf Margarets Gesicht, und die kleine Falte auf ihrer Stirn, das Zeichen der Beunruhigung, glättete sich.

Mitten in einer solchen Szene hatte sie das Gefühl, dass ihre Verärgerung unwürdig war – wie konnte sie es sich erlauben, so viel zu empfinden? Sie versuchte, sich Mr. Sandfords freundliche Taten vorzustellen, aber es gelang ihr nicht. Sie hatte einen ausgeprägten Sinn für Gerechtigkeit, und es war ungerecht, ihnen einerseits Verpflichtungen aufzubürden und diese Verpflichtungen andererseits hasserfüllt zu machen. Was könnte sie tun, um Grace zu helfen? Wie sollte sie sich verhalten, damit sie irgendwie vor einem Leben gerettet werden könnte, das sie hasste und aus dem ihr nichts Gutes erwuchs?

Sie hatte noch ein weiteres und tieferes Problem zu ertragen. Mr. Sandford hatte sich nie gewünscht, dass *sie* Mr. Drayton gegenüber besonders freundlich oder auch nur höflich wäre; Aber dieser unfreundliche Mann war an diesem Tag angekommen, und Mr. Sandford hatte seine Ansichten geändert. Er hatte darauf bestanden, dass Margaret zum Reden blieb, und zeigte große Wut, als sie dies mit offensichtlichem Widerwillen tat; und das war eine schreckliche Belastung für sie.

Gab es nichts, was sie und Grace alleine tun könnten? Gab es keine Möglichkeit, sich ein kleines Zuhause zu schaffen? Sie besaß keine Erfolge, und obwohl Grace so klug war und alle ihre Leistungen bewunderten, hatten sie in letzter Zeit oft versucht, etwas zu verkaufen, und waren damit gescheitert.

Wenn sie als Gouvernante ausginge, würde sie Grace nicht helfen. Sie hatten so wenig, was konnten sie tun? Was konnte sie tun? Sie stellte sich vor, dass es das Leben war, das Grace schadete, und dass günstigere Umstände ihren Geisteszustand verbessern würden, und das machte alles schwerer zu ertragen.

Oft schmerzte es sie, dass Grace ihre Heirat mit Mr. Drayton für möglich gehalten hatte. Dann machte sie sich selbst Vorwürfe, weil sie dem Gesagten in einem Moment der Depression und des Elends zu viel Bedeutung beimaß.

Sie verlor sich in diesen Gedanken, verspürte eine leidenschaftliche Sehnsucht nach etwas, das ihr helfen könnte, und betete, wie sie es oft tat, darum, dass ihr der Weg gezeigt werde, und um Geduld, und ihren Blick auf das Licht und ihre Gedanken auf Gott gerichtet Sie machte sich auf den Weg und so traf Sir Albert Gerald sie noch einmal.

Während er sich in seinem Badesessel zurücklehnte, hatte er die sanfte Schönheit um sich herum betrachtet und gedacht, dass ein solcher Sonnenuntergang mehr Poesie und mehr Schönheit habe als der Glanz von Gold und Purpur, der sich normalerweise dann zeigte, wenn der Sonnenuntergang nicht da war von Wolken gemildert und verschleiert; und scharf abgegrenzt vom Abendhimmel hatte er eine Gestalt voller stiller Anmut gesehen, und bevor sie näher kam, erkannte er sie und war begeistert von der Erinnerung an das Gebet, das sie neben ihm gesprochen hatte.

In ihrem Verhalten war weder Bewusstheit noch Schüchternheit zu erkennen. Sie war froh, ihn besser zu sehen, froh, ihn kennenzulernen, und sie legte ihre Hand in seine, die ihr entgegengestreckt war, mit einem Gefühl der Erleichterung und Freude. Es wäre schrecklich gewesen, wenn dieser kraftvolle Körper, diese Jugend und Kraft zerstört worden wäre. Sein Blick ruhte mit tiefer Zufriedenheit auf ihr, er bemerkte den direkten, offenen Blick und das schöne Lächeln, das Farbe in ihr Gesicht brachte. Er hatte es nicht geträumt – sie war wunderschön!

„Ich freue mich so, dich draußen zu sehen. Du wirst bald gesund werden“, sagte sie und er fand ihre Stimme genauso schön wie ihr Gesicht.

„Ich muss Ihnen danken“, sagte er ernst. „Du warst so gut und so mutig. Die meisten Mädchen hätten zu viel Angst gehabt, um zu helfen. Einige wären ohnmächtig geworden.“

„Ich glaube nicht“, sagte sie ernst und errötete ein wenig unter seinem ernsten Blick. „Ich war zu sehr darauf bedacht, von Nutzen zu sein, um Angst zu haben. Ich denke, andere wären auch besorgt gewesen – andere hätten vielleicht mehr getan.“

"Ach nein!" er sagte; „Ich bin froh, dir dankbar sein zu müssen. Ich habe so viel darüber nachgedacht. Ich habe mir so sehr gewünscht, dich kennenzulernen.“

„Sie haben Mrs. Dorriman gesehen – Sie haben Grace gesehen, meine Schwester, meine ich“, korrigierte sie sich.

„Ja, ihr Name stand in dem Buch, das du hattest. Ich dachte, es gehörte dir.“

„Mein Name ist sehr gebräuchlich – Margaret.“

„Ich weiß. Ich finde, es ist ein wunderschöner Name; es ist der Name meiner Mutter.“

„Deine Mutter war, das muss sie gewesen sein, sehr unglücklich.“

„Ja, aber wir haben es ihr erst gesagt, als es mir besser ging – arme Mutter! Sie kann ihr Sofa nicht verlassen. Sie wird überallhin getragen.

"Wie traurig!"

„Ja, es ist schrecklich für sie, und sie ist für mich Vater und Mutter und Bruder und Schwester, seit ich ein Einzelkind bin."

„Es muss so traurig sein, keine Schwester zu haben", sagte Margaret leise. „Es muss so sein, als hätte man nicht das Ganze von sich selbst."

„Und doch verstehen sich Schwestern manchmal nicht", sagte Sir Albert lächelnd und dachte an Episoden in seiner Familiengeschichte, die auf einen ganz anderen Stand der Dinge hindeuteten.

Noch immer redend, bogen sie am Ende des Weges ab, da der Weg dahinter für Sir Albert in seinem gegenwärtigen Zustand zu holprig war; Der treue John schob den Stuhl wieder zurück und passte sein Tempo an die Schritte des Mädchens an, das neben ihm ging. Was ist der subtile Einfluss, der einem das Gefühl gibt, dass man einer Person alles anvertrauen kann und einer anderen Person das Gefühl hat, dass eine sichtbare Barriere zwischen euch entsteht? Es ist nicht nur Sympathie, denn Sympathie entsteht, wenn die volle Wertschätzung für ein gemeinsames Objekt entdeckt wird, wenn in jedem die gleiche geistige Voreingenommenheit festgestellt wird; aber die Wertschätzung muss erst einmal bekannt sein. Es ist etwas mehr – es ist etwas anderes als die Liebe zwischen Mann und Frau (obwohl die Liebe auf der einen oder anderen Seite häufig darauf folgt); Es ist eine unbekannte Kraft, die uns zur Offenheit zwingt und uns mit einer plötzlichen Sympathie erfüllt, über die wir nicht nachdenken können und die wir nicht erklären können.

Mr. Sandford, der damit beschäftigt war, Mr. Drayton seinen Wünschen anzupassen, war bereit, seine Pläne unter jedem Opfer in die Tat umzusetzen, und konnte sich kaum vorstellen, dass in einer Gegend, von der er nie geträumt hatte und die den meisten von uns bewusst war, ein plötzliches Hindernis auftauchen würde nur unsere Hoffnungen und Wünsche, ohne auch nur einen Moment die vielen Konstellationen gegen uns in Betracht zu ziehen.

Dieses erste Treffen zwischen zwei Menschen, die zu Beginn durch eine Stunde voller Schmerz und Angst zusammengeschweißt wurden, war natürlich nicht das letzte. Margaret, manchmal mit den anderen, manchmal mit Grace, manchmal allein, traf Sir Albert Gerald jeden Tag. Die Bekanntschaft mit ihm tat ihr gut; Seine umfassenderen Ansichten standen oft im Widerspruch zu ihrer engeren Erfahrung, und in Diskussionen gaben ihre Vorurteile und vorgefassten Meinungen nach. Sie war sich selbst wie den anderen gegenüber ehrlich und musste die Oberflächlichkeit ihres Standpunkts zulassen.

Auf seiner Seite herrschte eine nie enden wollende Freude an der absoluten Frische ihres Geistes. Alte Ideen erhielten durch ihre Art, sie zu sehen, eine neue Schönheit, und er war oft überrascht von der Poesie eines für ihn neuen Gedankens.

Der Nachteil dieser angenehmen Bekanntschaft war das Gefühl ihrer Endgültigkeit. Sie wussten von Tag zu Tag nicht, dass Mr. Sandford dem nicht ein Ende bereiten würde, indem er die ganze Party nach Hause brachte.

Sir Albert, immer noch ein wenig geschwächt von seinem schweren Unfall, fragte sich nie, wohin ihn diese entzückende Kameradschaft führen würde. Er wusste nur, dass er in *ihrer* Gegenwart zu leben schien. Sie brachte seine edelsten, höchsten und besten Gefühle zum Ausdruck. Sie war für ihn ein Leitstern; Er liebte sie leidenschaftlich und respektierte sie als das reinste und vollkommenste Geschöpf Gottes. In diesen wenigen Tagen gab es keine dieser kurzen Abschiede, die in den meisten Fällen dazu dienen, die wahre Natur eines ähnlichen Gefühls zu lehren. Da war das Gefühl eines bevorstehenden Abschieds, der zwar möglich, aber noch in weiter Ferne liegt, was sich so sehr von einer angekündigten Tatsache unterscheidet; Es gab nichts, was sie ins Bewusstsein rütteln konnte.

Sie verstummten jetzt, als sie zusammen waren, und waren sich des völligen Gleichklangs ihrer Gedanken bewusst, der keinen äußeren Ausdruck erfordert – einen Blick, einen Blick, der alles sagt.

Der Prozess gegen sie war gerade schrecklich, da sie nichts sagen konnte, und Mr. Sandford gab dem Mann, den sie zu hassen begann (Mr. Drayton), jede Gelegenheit, mit ihr zusammen zu sein; Er bestand darauf, dass sie seine Aufmerksamkeit erhielt, was für sie jetzt schrecklicher war als je zuvor.

Sie appellierte privat an ihren Onkel gegen diese Verfolgung – vergeblich. Er wusste jetzt, obwohl Mr. Drayton es nie in Worte fasste, dass der Preis für seine eigene Sicherheit – Margaret war.

In seinen einsamen Momenten knirschte er vor Wut mit den Zähnen – nicht wegen ihr, armes Kind! sondern weil er sich unwissentlich in diese Lage gebracht hatte. Er versprach Herrn Drayton, seinen Einfluss geltend zu machen, warnte ihn jedoch, dass alle Hoffnung zu Ende wäre, wenn er jetzt sprach, da Margaret voller Abscheu vor ihm war. „Sie hat einen so hohen Geist, dass sie verschwinden würde, wenn sie dazu getrieben würde.“

Mr. Drayton lachte. „Stell dir vor, du gibst zu, dass du mit keiner jungen Dame fertig wirst.“

Mr. Sandford sprang von seinem Stuhl auf. Während ihres Gesprächs gab es viele Augenblicke, in denen es so aussah, als würde das ganze Tuch, das er hochgehoben hatte, zusammenbrechen. Es gab viele Tage, an denen er kaum in der Lage war, seine Rolle zu spielen – an denen ihn Reue überkam, wenn er sah, aus welchem Holz der Mann geschnitzt war, dem er Margaret anvertrauen wollte.

Hätte Grace damals gewusst, was sie erst später erfuhr!

Sie trieb Mr. Sandford zur Verzweiflung, sie war so launisch, so unverschämt und missachtete so offensichtlich alle seine Wünsche.

Dann wurde er gewalttätig und Margaret ging es unglücklich.

Es war nach starkem Regen; Die düsteren Wolken hatten sich noch nicht zu lichten begonnen, und auf den reflektierenden Wellen lag ein grauer, trüber, bleierner Anblick. Alles zusammen hatte dazu geführt, dass die arme Margaret unglücklich war. Mr. Sandford war gestürmt, und vor Mr. Drayton hatte es eine Szene gegeben. Grace hatte Unrecht gehabt, und das war ein zusätzlicher Kummer. Dann hatte Mr. Drayton den Familienkrug ausgenutzt, um sich als Margarets Verteidiger auszugeben, und hinterher hatte Grace bitter gesprochen. Warum konnte Margaret diesen Mann (der nicht Mr. Sandfords Temperament hatte) nicht akzeptieren und für sie beide ein Zuhause schaffen?

Abgelenkt, elend, ihr Herz bedrückt durch die Last, die andere ihr auferlegten – raste die arme Margaret die Straße entlang, auf der sie gewesen war, als Sir Albert gefallen war. Sie konnte ihn damals nicht treffen – sie konnte es nicht ertragen, dass er ihr Elend sah. Sie hatte instinktiv das Gefühl, es könnte ein Reiz für ihn sein, und er war ihr Freund, sie konnte seine Freundschaft nicht überbeanspruchen. Dann sah sie ihn plötzlich zum ersten Mal gehen.

„Großartige Ideen treffen aufeinander", rief er, als er sie kommen sah. „Ich wollte den Ort sehen, an dem wir uns kennengelernt haben." Dann, als sie näher kam, sah er die Spuren von Tränen, den besorgten Blick und den kleinen Mund, der zitterte. Er blieb abrupt stehen; Der Anblick ihrer Not zeigte ihm, was sie für ihn bedeutete. "Schatz!" sagte er leise; und dann unterdrückte er mit großer Anstrengung die Worte, die ihm über die Lippen kamen.

Sie hörte ihn jedoch und ein Ausdruck vollkommener Glückseligkeit huschte über ihr Gesicht.

Er sah, wie sie sich zu ihm umdrehte, überrascht über sein Schweigen. Er wusste nicht, dass sie dieses Wort gehört hatte.

Nach ein oder zwei Augenblicken brach er das Schweigen und zwang sich, ruhig zu sprechen – während sein Herz heftig schlug. „Bist du überrascht, mich wieder laufen zu sehen?" sagte er mit dem schwachen Versuch eines Lächelns. „Ich kann schmerzfrei gehen und bin nicht müde." Sie antwortete nicht, sie war zu sehr überwältigt von der plötzlichen Emotion, die sein

Verrat an diesem einen Wort mit sich brachte, und der erzwungenen Ruhe danach. Was sollte das heißen? Hatte sie ihn verwechselt? Ein völliges Angstgefühl, das plötzliche Gefühl, mit einem Blick etwas zu schnell beantwortet zu haben, was er nicht gesagt hatte – oder zufällig gesagt hatte – erfüllte sie mit Bestürzung.

Er las ihre Gedanken und konnte ihr nicht helfen. Er biss sich wütend auf die Lippe. Er hatte seiner Mutter sein feierliches Ehrenwort gegeben, dass er niemals jemandem seine Liebe sagen würde, bevor er ihr nicht zuerst seine Absicht mitgeteilt hatte; und in der großen Qual dieses Augenblicks kam es ihm so vor, als ob ihm die Wahrheit erst jetzt, erst in diesem Augenblick klarkäme. Sie standen Seite an Seite und blickten auf das Meer, sie war benommen vor dem Kummer, missverstanden zu haben; Er überlegte, wie er ihr zeigen könnte, dass es einen Grund für sein Schweigen gab, ohne sein Ehrenwort zu brechen. „Margaret", sagte er und seine Stimme verweilte liebevoll bei ihrem Namen, „Wir sind – Freunde, und wir können einander vertrauen. Ich kann nicht alles sagen – ich bin nicht frei. Wirst du mir vertrauen?"

Ihr Herz schien in ihr zu sterben. Sie verstand ihn natürlich nicht, armes Kind. Diese Worte „ *Ich bin nicht frei* " hätten enden sollen „jetzt zu sprechen"; aber in Momenten großer Aufregung werden die Dinge nicht immer klar.

Sie dachte, er würde ihr sagen, vielleicht um ihretwillen, dass er nicht frei sei, dass sie nur Freunde sein könnten.

Sie drehte sich zu ihm um, ihre Lippen waren blass. „Ich verstehe", sagte sie schwach, „wir können Freunde sein."

Sie hatte um Selbstbeherrschung gekämpft; Sie hatte Angst, mehr zu sagen, aber er musste ihr klar machen, dass er ihr noch etwas zu sagen hatte – er drehte sich zu ihr um, um etwas zu sagen, als sie sich plötzlich mit einer Abschiedsgeste von ihm entfernte, und er war zu schwach, um ihr zu folgen schnell.

Auf dem Heimweg pochte ihr Herz vor Schmerz. Sie verstand nicht, dass sie dadurch, dass sie ihn verließ, verriet, wie tief ihre Zuneigung in ihm verwurzelt war.

Zuerst schaute er ihr bestürzt nach, dann erfüllte ihn die glückliche Überzeugung ihrer Liebe, und alles andere war vergessen.

Er eilte nach Hause und schrieb seiner Mutter ausführlich und ausführlich. Er erzählte ihr, dass sein Versprechen gegenüber ihr gehalten worden sei und wie viel es ihn gekostet habe, es zu halten; Er versuchte, Margaret zu beschreiben, fand seine Worte kalt und förmlich und bat seine Mutter, unverzüglich zu telegraphieren und zu schreiben. Danach legte er sich erschöpft zurück und verlor sich in den glücklichsten Tagträumen.

Bald, bald würde die Antwort da sein, und er könnte zu ihr gehen und ihr etwas von seiner Liebe zu ihr erzählen; etwas, aber nicht alles. Er dachte, es würde ein Leben lang dauern, ihr seine Hingabe zu beweisen. Während er dasaß und glücklich darüber nachdachte, hörte er nicht die tiefen, unterdrückten Schluchzer des armen Kindes oben, das sich durch Kummer und Elend kämpfte. Er träumte nicht im Traum, dass er missverstanden worden war und dass er ihr einen so falschen Eindruck vermittelt hatte, als er versuchte, etwas zu sagen, zu erklären, ohne von seinem Versprechen abzuweichen.

Dieser Abschied im grauen Licht eines regnerischen Tages war für lange Zeit ihr wirklicher Abschied, und dann änderte sich alles.

Als Margaret nach unten ging und ihre Schwester und Mr. Sandford traf, sah sie, dass eine plötzliche Entscheidung getroffen worden war und dass sie gehen sollten, zurück zu dem rauchigen Ort, den sie so nicht mochten.

Aber der schwere Schlag, der ihr Herz getroffen hatte, ließ alles andere zur Kleinheit werden. Sie war fassungslos und keine Veränderung in ihrem Leben, keine äußeren Unfälle schienen in der Lage zu sein, sie zu beeinflussen.

Am nächsten Tag litt Sir Albert unter der Anstrengung und Unruhe des Vortages und hatte Fieber und Unwohlsein. Der Arzt wurde von seinem treuen Diener gerufen und erklärte, er sei zu unwohl, um aufzustehen oder jemanden zu sehen. Nicht alle Gebete seines Patienten berührten ihn, und dann gab sich der junge Mann mit dem Unvermeidlichen zufrieden und tröstete sich. Hätte er Margaret sehen können, was hätte er ihr sagen sollen? Was wagte er zu sagen, bis das erwartete Telegramm kam, um seiner Rede freien Lauf zu lassen?

Wie lang kamen mir die Stunden vor! Er schaute ständig auf die Uhr und berechnete, wie bald es möglich sein würde, zu hören. Seine Mutter lebte in Wales und die Telegrammstation war fünf Meilen entfernt. Er sah alles vor seinem geistigen Auge. Sah die langsamen Bewegungen des Postmeisters und des ungepflegten Welsh-Ponys und seines Reiters mit der Brieftüte. Oft wurde dem Jungen, der sich an einem nassen Tag über die Gastfreundschaft des Schlosses freute, gesagt, er solle warten und das Telegramm zurücknehmen. Die Stunden vergingen wie im Flug und es kam keine Antwort. Die Nacht brach herein, und John musste dringend wissen, was er tun sollte – seinem Herrn ging es offensichtlich schlechter, und dennoch hatte er sich über die Eile des Arztes an diesem Morgen geärgert und sehr scharf gesprochen. Was störte ihn, dass er so unähnlich war, so gereizt, so ängstlich?

Während dieser ganzen Zeit eilte ein großer, ernster Mann nach Lornbay – ein Mann, der dem armen Sir Albert Gerald eine traurige Nachricht überbrachte.

Während sein Telegramm mit großer Geschwindigkeit unterwegs war, waren für Lady Gerald alle Hoffnungen, Ängste und Lebensinteressen verflogen. Sie lag tot da; Da sie durch die Nachricht vom schrecklichen Unfall ihres Sohnes erschreckt war, war ihr leichter Halt am Leben nicht stark genug, um einen so großen Schock zu ertragen. Und am selben Nachmittag, als sein Versprechen ihn davon abhielt, mit Margaret zu sprechen, wie er es gern getan hätte, war sie mit liebevollen Botschaften an ihn auf den Lippen gestorben. Es war am Morgen; Mit ernstem Gesicht und der Miene der Vorbereitung auf das kommende Böse kam Johannes zu seinem Herrn und verkündete ihm die böse Botschaft.

Zum Glück glauben wir in dem Moment, in dem wir diese Worte aussprechen, das Schlimmste und sind bereit, es zu ertragen. Dann trat sein Onkel, *ihr Bruder Mr. Wynston, an seine Seite und erzählte ihm alles.*

Die Nachricht kam für ihn unerwartet und schrecklich; Er liebte sie sehr, und sein ganzes Leben lang hatte er gelernt, von ihr Zartheit zu erwarten. Er war so daran gewöhnt, dass sie eine Invalide war, dass er sie nie für zerbrechlicher hielt als andere Menschen. Und während er um sie weinte, ohne Rücksicht auf die Dauer von allem anderen, war seine arme kleine Liebe für immer verschwunden – mit dem erschöpfenden Schmerz einer verdorbenen Liebe, der ihr noch kindliches Herz elend machte – für immer?

KAPITEL II.

Renton Place sah nach der klaren Luft und der großartigen Schönheit von Lornbay schwarz und schmuddelig aus. Mrs. Dorriman, die immer anfällig für die Einflüsse natürlicher äußerer Dinge war, zitterte und war deprimiert, was sich an der ausgeprägten Anstrengung zur Fröhlichkeit zeigte, die ihrer Meinung nach ihrem Bruder zu verdanken war.

Mr. Sandford war in einer schwer zu verstehenden Stimmung. Er reiste nur ein kurzes Stück mit ihnen und ging Margaret auf eine Weise aus dem Weg, die beide Mädchen bemerkten und unterschiedlich interpretierten.

Er stieg in einen Raucherwagen, hauptsächlich weil sie ihm dorthin nicht folgen konnten und er sich ihrer Beobachtung entziehen konnte. Er fühlte sich völlig unwohl. Er hatte Mr. Drayton gegenüber seinen Standpunkt *unter Vorbehalt vertreten*, und Margarets Gesicht mit seinem wehmütigen Ausdruck tat ihm weh. Ja; obwohl er es anders ausdrückte, hatte er sie praktisch geopfert, um seine eigene Position zu retten; und sein Wort wurde gegeben, und mehr noch, er hatte es widerwillig schriftlich niedergelegt.

Während Mr. Drayton seine tiefsten Pläne mit einem fröhlichen Lachen verbarg, das alle aus der Fassung brachte, hatte er ihm gesagt, dass er etwas schriftlich haben müsse – natürlich nicht, um es irgendjemandem zu zeigen, „sondern als Genugtuung für mich selbst." " er sagte.

Herr Sandford kämpfte vergeblich gegen diesen Punkt.

„Ich glaube nicht, dass Sie es ernst meinen", hatte Mr. Drayton gesagt. „Ich werde nichts für nichts tun. Wenn du mir wie versprochen helfen willst, warum machst du dann so viel Aufhebens darum?"

„Ich kann nur sagen, dass ich alles tun werde, was ich kann."

„Dann halten Sie das schriftlich fest."

Und Mr. Drayton schrieb mit einem weiteren Lachen, dass er (Mr. Sandford) nichts unversucht lassen würde, sondern es schaffen würde, Margaret dazu zu bewegen, Mr. Drayton zu heiraten.

Als Mr. Sandford es unterschrieben hatte, kamen ihm starke Bedenken in den Sinn. Mr. Draytons Augen hatten den Ausdruck, den Margaret bemerkt hatte; und er empfand jene Reue, dieses Zurückschrecken vor den Konsequenzen seines Handelns, das alle Menschen, nicht ganz schlechte, empfinden, wenn sie unwürdig handeln.

Als er allein im Raucherwagen saß, spürte er, wie sehr ihm Margaret weh tat, und freute sich, einen völlig Fremden, offenbar kein Engländer, in den Wagen steigen zu sehen.

Bestrebt, seinen eigenen Gedanken auszuweichen, brach er das Schweigen und nutzte eine Abzweigung auf ihrem Weg, die auf beiden Seiten eine bezaubernde Szene eröffnete. Er winkte mit der Hand zum Fenster und sagte mit der besitzergreifenden Miene, die bei manchen Schotten zu beobachten ist:

„Eine schöne Aussicht, Sir, eine sehr schöne Aussicht.“

„Um Gottes willen, Sir!“ rief sein Mitreisender mit einem sehr starken amerikanischen Akzent, „erzählen Sie mir nicht von der Aussicht. Ich habe eine Frau und zwei Töchter in einem anderen Abteil, und ich musste von ihnen weg, ich habe es so satt.“ Wie reden sie über die Aussicht? Warum nimmst du nicht alles dem Erdboden gleich und baust Getreide an?“

Mr. Sandford war von den Gefühlen des Mannes so überrascht, dass er keine weiteren Anstrengungen unternahm, ihn zu unterstützen.

Er spürte auch die Depression, die in Renton in der Luft lag; aber er hatte sich in eine Lage gebracht, aus der er nicht entkommen konnte. Er hatte noch ein paar Tage vor sich; Dann, bevor Mr. Drayton erschien, musste er Margaret etwas sagen, und zwar im Ernst.

Es war seltsam, dachte er, dass er es hasste, sie auf irgendeine Weise zu ärgern oder zu verletzen. Wäre sie wie Grace gewesen, was hätte das für eine Rolle gespielt? Aber die sanften, flehenden Augen, dieser Ausdruck ruhiger Selbstbeherrschung, der *ihr so ähnlich war* ... Er hasste vor lauter Vorfreude den Ausdruck des Entsetzens, den er zuvor in ihrem Gesicht gesehen hatte, als es um Mr. Drayton ging. Er fürchtete sich vor dem bevorstehenden Durchgang zwischen ihnen, da er anscheinend noch nie zuvor etwas gefürchtet hatte.

Drei Tage vergingen und gingen, und schon am nächsten Tag sollte Mr. Drayton erscheinen und erwartete, dass alles gut gelaufen sei, und Mr. Sandford hatte nicht den Mut gefunden, ein Wort zu sagen. Margaret war selbst für sie ungewöhnlich ruhig; Grace war in einer bitteren und unzufriedenen Stimmung und stellte sie auf eine harte Probe. Sie konnte den erschöpfenden, schmerzenden Schmerz nicht kennen, der ihre Schwester seit diesem tödlichen Interview in den Bergen nicht mehr verlassen hatte. Margaret, die im Allgemeinen sehr temperamentvoll war und jede Bemerkung, die ihr nicht gefiel, abwehren konnte, war jetzt stumpfsinnig und deprimiert. Sie hatte ihren Traum verwirklicht und das Leben war für sie von nun an leer. Und doch konnte sie es nicht verstehen – sicherlich hatte sie nicht ganz Unrecht. Und der Ausdruck dieser dunklen Augen sprach vielleicht die Wahrheit – er liebte sie und war dennoch gebunden. Es war alles schrecklich und schwarz wie die Nacht, vor ihr und um sie herum.

An dem Morgen, an dem Mr. Sandford beschlossen hatte, Margaret seinen erwarteten Gast anzukündigen, ging Grace in einem nervösen, wilden und seltsamen Zustand nach unten. Sie verwirrte Mrs. Dorriman, machte Jean lächerlich und provozierte schließlich Mr. Sandford so sehr, dass es zu einem seiner schrecklichsten Wutanfälle kam.

Er schwärmte förmlich von ihr, er befahl ihr, das Haus zu verlassen, und überhaupt war er ganz außer sich, als Margaret die Treppe hinuntereilte; Es gab keine Beleidigung, die er sich vorstellen konnte, die er Grace nicht entgegenschleuderte, die zum ersten Mal in ihrem Leben ziemlich verängstigt war.

Es war Margaret, die sie nach oben führte, Margaret, die, weiß auf ihren Lippen, das schreckliche Gefühl drohenden Unheils auf ihr lastete, begann, ihre Sachen zusammenzustellen. Grace blickte sie ausdruckslos an, sie ahnte, dass es ihre Schuld war, und brach in Murmeln und Beschimpfungen gegenüber Mr. Sandford aus. „Wir können nicht bleiben", sagte sie und Margaret antwortete ihr zitternd: „Nein, wir können nicht bleiben."

Schweigend fuhren sie mit ihren Vorbereitungen fort; Ich wunderte mich ein wenig, dass Mrs. Dorriman nicht in ihre Nähe kam, ohne zu wissen, dass Mr. Sandford sie daran hinderte. Er hätte nie gedacht, dass Margaret so dumm sein würde, ebenfalls zu gehen, und als Mrs. Dorriman dies vorschlug, wurde er so gewalttätig, dass sie gezwungen war, einen Rückzieher zu machen.

Die Mädchen waren bereit und gingen nach unten. Mr. Sandford litt, wie immer, nach seinen Leidenschaftsanfällen, er lag zurückgelehnt in seinem Stuhl in seinem eigenen Zimmer, jeder Nerv in seinem Kopf pochte und sein Kopf fühlte sich an, als würde er platzen. Er hörte, wie sich die Tür öffnete, und Margaret, ja Margaret, kam herein. Sie war sehr weiß und zitterte. Er hörte, wie sie sich von ihm verabschiedete, und hatte keine Macht, sie aufzuhalten. Sie ging sanft hinaus, und die beiden verlassenen Gestalten verließen das Haus, keiner von ihnen wusste, wohin sie gehen sollten, erfüllt von nur einer Idee: weggehen und frei sein.

Sie hatten ein wenig Geld, und keiner von ihnen machte sich Sorgen um Mittel und Wege. In den Augen der Jugend und Unerfahrenheit erscheint das Leben so einfach; sie hatten selbst etwa vierzig Pfund im Jahr; das hielten sie für völlig ausreichend; und sie würden Geld verdienen; Auch das schien in dem erhabenen Selbstbewusstsein ihrer Jugend so einfach zu sein. Sie nahmen den Zug, ohne genau zu wissen, zu welchem Bahnhof sie fahren sollten, und da sie feststellten, dass Glasgow überallhin zu führen schien, fuhren sie zunächst dorthin, und als sie dann das Buch konsultierten, fuhren sie zu einem kleinen Dorf in den Hügeln, wo sie es zu finden glaubten Ruhen Sie sich aus und ordnen Sie ihre Zukunftspläne.

Keine Landschaft auf der Welt variiert stärker als die schottische Landschaft unter dem sich ändernden Einfluss des Wetters. Seine ganze schroffe Erhabenheit – so herrlich im Sonnenlicht getaucht – so großartig, wenn sie teilweise von den leichten Schäfchenwolken verschleiert wird, die seinen großen Hügeln einen subtilen Charme verleihen und durch die Kraft des Kontrasts diese wunderbare blaue Farbe aussenden – wird unter der düsteren Atmosphäre Spritzer eines Regengusses, trostlos, bedrückend und trostlos. Als die beiden Mädchen in Torbreck anhielten, regnete es heftig und sie sahen sich bestürzt um.

Der kleine Bahnhof lag abseits des Dorfes, in der Ferne waren einige kleine weiße Häuser verstreut. Rundherum ragten Torfhaufen empor, und der breite Muir, auf dem Torbreck gebaut wurde, wurde durch die Torfstiche entstellt, die jetzt mit Wasser gefüllt waren, das die tiefschwarze Farbe von Moorwasser hatte.

Es gab keinerlei Kutschen, da der Bahnhof klein und ohne Bedeutung war und hauptsächlich dazu diente, die Herden von Hochlandrindern in die Nähe der Marktstadt zu bringen, und für die Bequemlichkeit einiger Hochlandbesitzer, die dort wohnten Meilen entfernt, und die die Konzession erhalten hatten, indem sie der Eisenbahngesellschaft ihr Land zu günstigen Konditionen überließen.

Die beiden Mädchen ließen ihr Gepäck abholen und gingen ins Dorf, ohne sich des wütenden und erstaunten Gesichtes bewusst zu sein, das ihre Bewegungen bemerkte.

An diesem Tag war Mr. Drayton *auf dem Weg* nach Renton Place nach Glasgow gefahren, und er sah die Mädchen am Bahnhof, hörte sich ihre Diskussion über den besten Schritt an und beschloss herauszufinden, was das alles bedeutete. Er war ihnen in einen anderen Teil des Zuges gefolgt.

Natürlich glaubte er, dass sie gehen würden, weil Mr. Sandford darauf bestanden hatte, und er war sehr wütend. Der Mann muss irgendwie verpfuscht haben, da er weder etwas über Mädchen noch über Margarets wahren Charakter wusste; es schien ihm, dass sie einer dieser sehr sanften, ruhigen Menschen war, die leicht zu überzeugen waren. Warum nicht? Er war weder hässlich noch alt, dachte er. Sein ganzes Leben lang galt er als gutaussehend. Seine leuchtende Farbe und sein lockiges Haar, seine blauen Augen und sein offenes Lachen hatten ihm unter seinen wenigen weiblichen Besitztümern großen Beifall eingebracht. Die meisten von ihnen hatten ihm geschmeichelt, und obwohl seine Eitelkeit gelegentlich einen Schock erlitt und er sich manchmal im Nachteil fühlte, tröstete er sich im Allgemeinen schnell. Er war zu sehr von Selbstachtung erfüllt, als dass er sich lange über eine kleine Hemmung ärgern könnte, und wir alle wissen, dass jeder gebräuchlichste Ausdruck viele Interpretationen zulassen kann. Er war zu klug, um in Torbreck auszusteigen, hielt aber an der nächsten Station an.

Der Zweck seiner Reise nach Renton war nun zu Ende, und er setzte sich hin, um in Ruhe über den Stand der Dinge nachzudenken. Nachdem er alles überlegt hatte, entschied er sich für zwei Dinge: Er musste wissen, warum die Mädchen Renton verlassen hatten, und er würde Mr. Sandford nicht sagen, wo sie waren.

Er ging zurück nach Glasgow, telegrafierte Renton an Mrs. Dorriman, dass er festgenommen worden sei, sich aber auf dem Weg dorthin befinde und seinem Telegramm so schnell wie möglich folgen werde.

Herr Sandford schwankte unterdessen zwischen Anfällen von Reue und Verzweiflung. Was hatte er zu sagen, als dieser Mann kam und dieses „Pfund Fleisch" beanspruchte?

Unglück kommt nie einzeln. An diesem Nachmittag brachte die Post Briefe nach Renton Place, in denen sie dem Herrn, der so lange wie mit eiserner Stange geherrscht hatte, bewiesen, dass seine Klugheit fehlerhaft war und dass er, der so lange ein Signal für den Erfolg gewesen war, sich als unklug und unklug erwiesen hatte dass seine Spekulationen gescheitert waren. Es bedeutete nicht den Ruin oder gar einen sehr schweren Verlust, aber es bedeutete in gewissem Maße einen Prestigeverlust, und das kam zu einem ungünstigen Zeitpunkt. Es gibt einen bestimmten Zustand der körperlichen Gesundheit, in dem ein Nadelstich katastrophale Folgen haben kann; Es gibt auch eine entsprechende Geisteshaltung, wenn Rückschläge mit einer überwältigenden Depression einhergehen, die weit über ihr eigentliches wahres Gewicht hinausgeht; und dann – mit dem für Mr. Drayton charakteristischen Ausdruck glücklichen Erfolgs – kam er an, und Mr. Sandford spürte, dass er ihn hasste.

Ist es nicht schwer, dass ein Mann manchmal leidet, weil die Natur, die bei der Verteilung ihrer Gaben stets unparteiisch ist, seine Nase nach oben statt nach unten gerichtet hat? Er mag voller erhabener Gedanken und intellektueller Fähigkeiten sein und eine ausgeprägte Neigung zur Poesie haben, aber wir schreiben ihm aufgrund der Schwankung seines Nasenorgans aus der direkten Senkrechten nur allgemeine Bestrebungen zu.

Mr. Drayton mochte tief leiden, aber er konnte nie elend aussehen; Wir assoziieren Unglück mit Blässe, schlaffen Muskeln um den Mund herum und hängenden Augenlidern, und er hatte ein rosiges und etwas strahlendes Gesicht, sehr runde, weit geöffnete Augen, die zum Starren geneigt waren, und einen großen Mund, auf dem immer ein zufriedener Ausdruck lag. Als sich die beiden Männer gegenüberstanden, konnte Mr. Sandford, dessen Stirn vor Sorge gerunzelt war und der aussah, als hätte er nicht geschlafen, die konventionelle Begrüßung nicht aussprechen, er konnte nicht sprechen. Als Mrs. Dorriman etwas Ungewöhnliches sah, trat sie voller Angst an seine Seite, und ihre kleine, schwache, krampfhafte Begrüßung rettete beide Männer vor einem sehr unangenehmen Schweigen.

„Nun", sagte Mr. Drayton freundlich, „und wie geht es den jungen Damen? Wie geht es Miss Margaret?"

Eine tiefe, rote Röte stieg in Mr. Sandfords Gesicht, er wandte sich hastig an seine Schwester.

„Verlass uns", sagte er kurz, und sie gehorchte zitternd.

„Drayton", sagte er in einem Ton, der Anstrengung und Aufregung verriet, „ich hatte keine Gelegenheit zu sprechen. Ich hatte vor, mein Wort um jeden Preis zu halten, aber es war unmöglich."

„Wirklich", sagte Mr. Drayton verächtlich. „Nun, lassen Sie mich Miss Margaret sehen und ihr meine Sache vortragen; lassen Sie mich ihr sagen – was ich ihr sagen muss, damit sie es versteht."

„Du kannst sie nicht sehen; sie ist nicht hier."

„Nicht hier! Was meinst du? Welchen schlechten Streich hast du mir gespielt?"

„Ich habe dir keinen Streich gespielt und du brauchst nicht zu poltern und diesen Ton anzunehmen!" antwortete Mr. Sandford wütend und seine Wut stieg.

„Ich habe Ihr Versprechen, in Worten, immer und immer wieder, auch schriftlich; ich bestehe darauf, zu erfahren, wie alles zustande gekommen ist. Sie müssen Ihre Beschwörung sehr unhöflich gemacht haben, vielleicht haben Sie etwas Ungünstiges über mich gesagt. Ich erkläre Ihnen, dass ich das nicht kann." dir vertrauen."

„Ich habe deinen Namen nie erwähnt. Grace hat mich fast wahnsinnig gemacht und ich habe ihr gesagt, dass sie das Haus verlassen soll, dann ist Margaret mit ihr gegangen."

„Ist das die Wahrheit?"

"Es ist die Wahrheit."

„Und dass sie dieses Haus verlassen hat, hatte nichts mit mir zu tun?"

„Nichts, was auch immer."

Mr. Drayton hatte das Gefühl, dass bisher alles in Ordnung sei, aber er würde dem Mann vor ihm keine Genugtuung verschaffen.

„Diese Investitionen, bei denen ich Ihrem Rat gefolgt bin, haben mir einen Verlust eingebracht", sagte er nach einer Pause und beobachtete aufmerksam Mr. Sandfords Gesicht.

"Ein Verlust?"

„Nicht in Geld; aber mein Manager hat seinen Posten aufgegeben, und sein Weggang ist ein schwerer Verlust. Sie sind wirklich der Grund für seinen Weggang. Er glaubt nicht in dem Maße an Sie, wie andere es tun. Es tut mir leid, aber Gibt es nicht ein Sprichwort darüber, dass gute Fische noch im Meer sind? Er war ein guter Mann, aber ein bisschen zu vorsichtig, ja, viel zu vorsichtig. Nun, da Miss Margaret nicht hier ist, werde ich zurückgehen.

Herr Sandford hörte das und war unruhig. Er wusste ganz genau, dass Mr. Drayton nicht geschäftstüchtig war, und es wurde ihm ganz klar, dass jetzt, wo der Einfluss der Menschen zurückgezogen war, andere Leute genauso leicht den Weg zu seiner Tasche finden könnten, wie er es getan hatte, als Margaret im Hintergrund war .

„Es tut mir leid", sagte er knapp und war erleichtert, als er feststellte, dass er allein gelassen werden musste. Nachdem Margaret gegangen war, sah Mr. Drayton keinen Sinn darin zu bleiben. Er verabschiedete sich ganz kurz von Mrs. Dorriman, und sie bemerkte, dass er sein Taxi warten ließ und sein Gepäck nie abgenommen hatte.

„Bruder", sagte sie und legte sanft ihre Hand auf seinen Arm, „Mr. Drayton hat Margaret irgendwo gesehen, er weiß, wo sie ist. Er wusste, dass sie nicht hier war."

Mr. Sandford starrte sie an. Manchmal überraschte sie ihn, diese unterschätzte Schwester, und ihre Idee überraschte ihn nun. Er dachte (jetzt, da er Zeit hatte, seine Ideen zu ordnen), dass Drayton die Ankündigung gelassen aufgenommen hatte. Im Moment war es eine Erleichterung gewesen, jetzt bestätigte es die Worte seiner Schwester. Er vermutete, dass sie Recht hatte, dennoch war es für ihn eine Art Überraschung. Es ist schwierig, sich plötzlich zu ändern und ihm eine schnelle Auffassungsgabe zuzuschreiben, wenn er sein ganzes Leben lang eine andere Person in eine Position der Minderwertigkeit gebracht und sie für langweilig gehalten hat. Er gab eine Art Grunzen von sich und ging zurück in seine Höhle. Die wichtigste Tatsache war nun der Rücktritt von Herrn Draytons Manager. Was ihn persönlich betrifft, war er froh. Was auch immer jetzt geschah, diese Luchsaugen waren nicht in der Lage, die Angelegenheit vertraulich zu betrachten. Dennoch war die oben erwähnte andere Seite der Frage nicht gerade eine erfreuliche Nachricht, und er überlegte, ob es irgendeine Möglichkeit gäbe, Mr. Drayton oder vielmehr Mr. Draytons spekulative

Neigungen zurückzuhalten . In Torbreck ging es den Mädchen derweil nicht besonders gut.

Sie waren völlig durchnässt in dem sehr kleinen Gasthof angekommen und hatten sich um ein Zimmer und etwas für ihr Gepäck beworben.

Aber obwohl sie ein Zimmer bekamen, gab es dort kein Feuer, und das Gepäck war noch schwieriger.

Es gab Pferde, aber sie waren alle beschäftigt; Der kleine Ort, der in sich geschlossen und wohlhabend genug war, war nicht auf die Ankunft von Fremden vorbereitet.

Ein Feuer wurde angezündet, wollte aber nicht brennen, der Rauch bestand darauf, jeden Winkel des Raumes zu durchdringen, und wenn er den Schornstein hinaufstieg, kam er auf völlig unerwartete und ablenkende Weise in Stößen heraus; Die Mädchen, die dort saßen, spürten, wie ihre Stimmung auf den Tiefpunkt sank, und sie zitterten.

Nichts könnte trostloser sein als der Ort – ein schwarzes Rosshaarsofa, zwei ziemlich schmale Sessel und sechs weitere Stühle, ein Tisch in der Mitte, der den Raum fast ausfüllte, auf dem eine staubige Kammgarnmatte lag, drei Begräbniskarten verstorbener Verwandter, gerahmt und glasiert auf dem Kaminsims, und ein konvexer Spiegel, der alles, was sich dort befand, mit strenger Unparteilichkeit reflektierte und verzerrte.

Nachdem sie lange in ihren nassen Sachen gewartet hatten, da sie bis zum Eintreffen ihres Gepäcks nichts hatten, was sie trocken anziehen konnten, holten sie sich etwas Tee und hofften, dass die Wärme sie beleben würde, aber der Tee war lau; Ein in der Geschichte nicht unbekannter Zufall, wenn es nichts gibt, was es heiß hält, und ein Torffeuer, obwohl es schön anzusehen und heiß genug ist, nicht den Komfort einer Kochplatte bietet.

Das Schlafzimmer neben dem Wohnzimmer war so klein, wie es nur sein konnte, und die Schwestern konnten sich darin kaum umdrehen. Grace saß da und schaute direkt vor sich hin. Ihr ging es sehr schlecht. Immer ein wenig anspruchsvoll, das zweitklassige Bäckerbrot (schmeckt nach Sägemehl) und der wenig einladende Tee, löschten jeden Wunsch nach Essen aus. Sie verspürte die schmerzliche Befriedigung, zu wissen, dass ihr eigener Mangel an Selbstbeherrschung sie dazu gebracht hatte, und doch, armes Kind, war dies nichts im Vergleich zu dem, was die Zukunft für sie bereithielt, obwohl sie es nicht wusste!

Die Schwestern sagten nichts, sie hatten beide das Gefühl, dass man es am besten in Stille ertragen sollte; Sie saßen fröstelnd und sehr elend da, bis ihr Gepäck ankam, dann schlichen sie sich bald ins Bett und versuchten zu schlafen und ihr Elend zu vergessen.

Bald schlief Margaret. Ihr ruhigeres und weniger erregbares Temperament verschaffte ihr immer diesen Vorteil, und sie schlief tief und fest.

Aber Grace war schlaflos, die Schatten der Nacht bedrückten sie; Lange nachdem der regelmäßige Atem ihrer Schwester ihre eigene Geschichte erzählt hatte, lag sie müde hin und her. Der kleine Raum schien sie zu ersticken; Aufgrund der starken Kälte und des Fröstelns, unter denen sie gelitten hatte, war es zu brennender Hitze gekommen, ihr Kopf schien zu schwer, um sie vom Kissen zu heben, und es war noch sehr früh, als Margaret von einem scharfen Schrei der Verzweiflung und des Kummers erschreckt wurde und Grace sagen hörte:

„Ich bin sehr krank; Oh! Margaret, wach auf und tu etwas für mich!"

Kaum war der Morgen gekommen, verwandelte sich die graue, feuchtigkeitsbeladene Morgendämmerung langsam in den perfekten Tag; Und die arme Margarete, einen Umhang über sich geworfen, ihr langes blondes Haar über ihre Schultern fallend und ihre schläfrigen Augen verwundert umherblickend, ging die Treppe hinunter, um ihr Bestes zu geben.

Ein barfüßiges Mädchen war beschäftigt, obwohl es noch früh war, und Margaret erklärte ihr, was sie sagte.

Mit offensichtlichem Widerwillen rief sie ihre Herrin an, die sich darüber ärgerte, dass sie eine Stunde ihrer dringend benötigten Ruhe verpasst hatte.

Aber ihre Verärgerung verschwand, als sie Margaret sah, und sie ging mit ihr nach oben; wo die arme Grace mit rotem Gesicht und schwer keuchend dalag, sich hin und her wälzte und ihre Schwester rief.

„Wie kannst du mich verlassen, wenn du siehst, wie krank ich bin? Ich werde sterben! Ich weiß, dass ich sterben werde."

Sie hatte Angst und weinte hysterisch.

Zu ihrer großen Überraschung schimpfte Mrs. Munro heftig mit ihr. Die Überraschung war so groß, dass sie sich beruhigte, und als diese gute Frau die Wirkung sah, die sie hervorgerufen hatte, verließ sie sie, um nach einem Heilmittel zu suchen und den Arzt zu holen. Noch bevor es Nacht wurde, ging es ihr schlechter, und beide wussten jetzt, dass ihre Krankheit keine leichte Sache war. Sie litt akut und es wurde festgestellt, dass es sich bei ihrer Krankheit um eine Lungenentzündung handelte.

Frau Munro war froh, dass es „keine ansteckende Sache" war, und bedauerte sie. Die Frauen ihrer Klasse in Schottland mögen rau sein und ein scharfes Auge auf ein Geschäft haben; aber ihre Freundlichkeit ist oft wunderbar!

Margaret, deren Mut immer dann zunahm, wenn es nötig war, gab weder nach noch bekam sie übermäßige Angst. Aber sie fürchtete sich vor notwendigen Kosten, die noch nicht gedeckt werden konnten. Grace, immer gedankenlos und oft unvernünftig, wollte und verlangte tausend Dinge, die schwer zu bekommen und natürlich verhältnismäßig teuer waren. Das Geld schmolz schnell. Es war unmöglich, Grace zu beunruhigen, und die Last lastete mit ihrer ganzen Last auf der armen Margaret.

Sie beriet sich mit der Vermieterin und stellte fest, dass sie dabei unklug gehandelt hatte. Mrs. Munro hatte aufgrund ihres Aussehens und allem anderen angenommen, dass sie viel Geld hatten. Margaret sprach in ihrer großen Unerfahrenheit davon, keines zu haben, was bedeutete, dass sie kein Geld für hohe Zusatzausgaben hatte. Mrs. Munro erkundigte sich mit deutlichem Respektverlust in ihrem Verhalten scharf:

„Und wie soll ich bezahlt werden und was ich tun kann, was ich kann?"

„Das meine ich nicht", sagte die arme Margaret; „Aber wir, meine Schwester und ich, sind nicht reich genug, um teure Dinge kaufen zu können."

„Die Leute sollten sagen, was sie meinen", sagte Frau Munro leicht getröstet, aber nicht ganz ruhig.

Sie beriet sich mit dem Arzt; und er, der von ihrer Verbindung zu Mr. Sandford wusste und die Beziehung tatsächlich für enger hielt, als sie tatsächlich war, beruhigte sie in dieser Angelegenheit.

„Aber wie kommt es dann, dass diese beiden jungen Damen allein durch das Land ziehen und kein Dienstmädchen oder eine Seele bei sich haben und aus reichen Leuten stammen?" fragte Frau Munro.

„Junge Damen haben oft unabhängige Ideen", sagte Mr. Burns; „Aber als ich bei einer Freundin unweit von Renton wohnte, war dort die Rede von der Ankunft dieser jungen Damen, und tatsächlich sah ich sie eines Tages dort durch die Stadt spazieren."

„Nun, nun, ich brauche mir also keine Sorgen zu machen", sagte Frau Munro sehr erleichtert; „aber was mit gasförmigem Wasser und Früchten zu tun hat, da wird es eine Menge zu bezahlen geben; und meine Güte, Fräulein Margaret ist eine nette junge Dame, sie sollte jemanden haben, der ihr hilft, sie ist schon fast erschöpft, und es scheint, als würde die Zeit noch lange her sein bevor sie ihre Schwester aus dem Bett sehen kann.

„Ihre Schwester ist sehr schwer krank", sagte der Arzt mit ernsterem Gesicht; „Ich fürchte, sie ist konstitutionell empfindlich. Ich frage mich, woran ihre Mutter gestorben ist."

„Oh! Ich denke, das wird ein natürlicher Tod gewesen sein, denn Miss Margaret sagte, sie sei in Indien gestorben, und das ist ein Land, das viele Menschen tötet", sagte sie entspannt; „Wer lebt, kommt gelb nach Hause, und wenn er nicht gelb wird, stirbt er."

„Komm, komm", sagte Dr. Burns, „ich kenne viele, die weder gelb werden noch sterben, das ist nur ein Vorurteil."

„Das ist kein Vorurteil, Doktor. Ich hatte einmal einen Onkel, und er war wie eines dieser getrockneten Dinger, die man Mumien nennt und in Museen zeigt; und die Leute sagten, wenn man sein Inneres sehen könnte, wäre alles zusammengeschrumpft wie eine alte Walnuss." , und ich bin mir sicher, dass es in unserer Familie nie so war. Er war ein Soldat, der arme Mann, und hatte einen Deal gemacht.

Dr. Burns hatte keine Zeit, die Diskussion fortzusetzen: Er machte sich beruflich Sorgen um Grace, sie hatte immer noch so hohes Fieber, und obwohl die akuten Schmerzen nachgelassen hatten, war ihr Husten äußerst quälend und ihre Schwäche sehr groß.

„Hast du niemanden, der kommt und dir hilft?" Er fragte Margaret eines Tages, als er sie erschöpft, unter starken Kopfschmerzen leidend und in einem sehr deprimierten Zustand vorgefunden hatte.

„Niemand", antwortete sie leise. „Ich habe meiner Schwester einen Vorschlag gemacht, aber sie sagt, wenn sie käme, würde es ihr noch viel schlechter gehen."

„Es ist wirklich gedankenlos und, ich könnte sagen, egoistisch von ihr", sagte er ernst. „Wenn meine Frau zu Hause wäre, würde ich sie schicken, um Ihnen zu helfen. Lassen Sie mich versuchen, eine Krankenschwester für Sie zu besorgen?"

"Ach nein!" sagte Margaret ernst und sehr eifrig. „Ich kann – wir können uns die Kosten nicht leisten. Ich gebe mein Bestes, meine Schwester leidet nicht unter meinem Mangel an Erfahrung", und sie blickte sehr ängstlich auf.

„Ich denke nicht so sehr an sie als an dich", sagte er unverblümt. Dann fuhr er in sachlichem Ton fort: „Deiner Schwester geht es besser; die Schmerzen haben nachgelassen, aber das Fieber ist immer noch hoch. Ich glaube nicht, dass sie so stark ist wie du. Woran ist deine Mutter gestorben?" „Wissen Sie? Sie ist in Indien gestorben, als Sie noch ein Baby waren, wahrscheinlich an Fieber, nicht wahr?"

„Sie ist an Schwindsucht gestorben", sagte Margaret, die den Zusammenhang der Ideen keinen Moment lang erkannte. Dann schoß es ihr durch den Kopf, und sie faltete die Hände und sagte in völliger Schmerzqual: „Du denkst nicht – du kannst nicht –, dass Grace so schlecht ist. Oh! Sag es mir, sag es mir."

und geschwächt durch ihr langes Wachen und hastig eingenommene Mahlzeiten, verlor sie ihre Selbstbeherrschung und weinte erbärmlich.

„Es tut mir leid, dass ich Sie erschreckt habe", sagte Dr. Burns, der ihre Tränen verstand und trotz voller Mitgefühl in jenem ruhigen Ton sprach, der ihre Aufregung besser unterdrückte, als es ein Zeichen der Freundlichkeit hätte tun können.

„Derzeit besteht keine Gefahr, absolut keine; aber es gibt große Schwäche und sehr große Zartheit."

„Was sollen wir tun? Was soll sie tun?" fragte Margaret, die um ihre Selbstbeherrschung kämpfte und sich dafür schämte, sie so völlig verloren zu haben.

„Wenn sie dazu in der Lage ist, sollte sie in ein trockeneres Klima gehen", sagte er und blickte zum Fenster, wo hin und wieder die Regentropfen mit einem heftigen Platschen auf ihn niederprasselten, „und, verzeihen Sie mir, Miss Rivers, aber Sie können hier nicht viele Annehmlichkeiten erwarten. Warum schreiben Sie nicht an Herrn Sandford?

„Das können wir nicht tun, schon gar nicht für Grace!" sagte die arme Margaret unvorbereitet.

„Natürlich habe ich kein Recht, mich einzumischen, aber ich kann nicht anders, als an dem Fall interessiert zu sein, und Ihre Schwester sollte bald verlegt werden; das Zimmer ist zu klein für einen Kranken; die Umgebung ist zu deprimierend. Um von vollem Nutzen zu sein." ihr gegenüber solltet ihr fröhlich und gesund sein; und Gott segne mich, dass dies nicht der richtige Ort für euch ist, wenn ihr mir das verzeiht.
Er verließ das Zimmer unten, wohin sie jeden Tag mit ihm ging, um, ohne dass Grace es belauschte, alles zu erfahren, was er zu sagen hatte. Margaret stand nach seinem Weggang wie eine Statue da, blickte ausdruckslos vor sich hin und sah nichts.
Was konnte sie tun? Was sollte aus ihnen werden? Sie beschloss, noch einmal an ihre Schwester zu appellieren, an Mrs. Dorriman zu schreiben. Wenn sie dem zustimmen würde – wenn sie ihr erlauben würde, sich mit Mr. Sandford anzufreunden, wäre alles gut.
Wenn nicht ... Margaret erschrak. Eine schreckliche Überzeugung durchdrang all ihre Ängste. Das Ende müsste ihre Ehe mit Mr. Drayton sein.

Es gab nichts anderes. Allein diese beiden Studiengänge standen ihr offen. War es schließlich so wichtig, was aus ihr wurde, da *er nicht frei war?* In der Natur jeder guten Frau liegt eine Ader der Selbstaufopferung. Sie dachte, ihr Leben wäre nicht umsonst gewesen, wenn sie ihre Schwester retten könnte. Und sie verstand Mr. Draytons Charakter überhaupt nicht.

Sie hielt ihn für unkultiviert, laut, aber wahrscheinlich gutherzig und großzügig. Sie betrachtete Grace so vollständig als ein Stück von sich selbst, dass es ihr keinen Moment in den Sinn kam, dass jemand sie getrennt betrachten würde. Das Fehlen jeglicher enger Bindung, bis auf diese eine, machte für sie alles aus.

Langsam ging sie nach oben. Sie würde mit Grace sprechen. Sie würde sie ansprechen. Sie wusste nur zu gut, dass Grace Fieber bekommen würde, wenn sie ohne ihre Zustimmung handelte und sich an Mrs. Dorriman wandte. die Folgen könnten für sie tödlich sein. Sie konnte nicht schreiben und nicht sprechen, weil sie wusste, dass sie der armen Frau, die ihre Zuneigung so wenig ausdrücken konnte, sehr ans Herz gewachsen war und dass sie selbst kommen würde, um sich um sie zu kümmern.

Als sie in das Zimmer ihrer Schwester ging, fand sie diese schlafend vor; aber es war nicht der Schlaf vollkommener Genesung. Es gab immer noch viel Fieber, und während die arme Margaret zusah, wie sie sich hin und her wälzte und jämmerlich stöhnte, sank ihr das Herz und sie fürchtete sich vor allem!

KAPITEL III.

Sir Albert Gerald eilte zu seinem walisischen Zuhause und stellte fest, dass die Strapazen seiner Reise und das unvermeidliche Ruckeln des Eisenbahnwaggons seine Kräfte fast überstiegen.

John protestierte vergeblich. Für den jungen Mann hatte der Tod seiner Mutter etwas Tragisches, abgesehen von dem einzigen Wesen, das sie liebte und an das sie sich klammerte.

Der Zweifel, der die meisten Menschen befällt, wenn jemand, den wir lieben, verschwunden ist, ob wir ihnen gegenüber in irgendeiner Weise versagt haben, befiel ihn jetzt. Sogar seine neue Leidenschaft für Margaret wurde für einen Moment zurückgedrängt, und er würde, er musste, an ihrer Seite sein und sie noch einmal sehen; und er ließ sich von keiner persönlichen Leichtigkeit oder einem Mangel an Kraft aufhalten.

Das Ergebnis dürfte jeder erraten haben. Als er nach Hause kam, erfüllte er seinen Wunsch, er sah dieses geliebte Gesicht noch einmal, aber als die akuten inneren Schmerzen zurückkehrten, lag er auf seinem Bett, und der örtliche Arzt, der in seinem reduzierten Zustand um ihn fürchtete, gab ihm Opiate, und bewahrte ihn so gleichzeitig vor dem Bewusstsein und dem Leiden.

Welchen Schmerz hätte er hinterher gerne ertragen! Hätte man ihm erlaubt, das volle Bewusstsein zu erlangen?

Es dauerte einige Wochen, bis er den abgedunkelten Raum verließ, und seine erste Aufgabe bestand darin, Margarets Adresse herauszufinden.

Aber obwohl er erfuhr, dass die Schwestern von Lornbay weggegangen waren, wusste niemand wohin, und als seine dringenden Briefe einen Freund zum Handeln bewegten und er tatsächlich nach Renton ging, stellte er nur fest, dass sie nicht mehr dort waren, und das nicht einmal Mrs. Dorriman hatte ihre Adresse.

Er schrieb ihr und machte keinen Hehl aus seiner Sorge, Margaret zu finden, aber beim besten Willen der Welt (und sie mochte Sir Albert aufrichtig) konnte sie nichts sagen, da sie nichts wusste.

Zu dieser Zeit versuchte Margaret, sich um Grace willen mit einem Schicksal abzufinden, vor dem sie sich fürchtete.

Als der Arzt an diesem denkwürdigen Abend seine Befürchtungen zum Ausdruck gebracht hatte und Margaret am Bett ihrer Schwester zugesehen hatte, ihr die hohlen Wangen aufgefallen waren und auf ihr ablenkendes Husten gehört hatte, hasste sie sich zutiefst dafür, dass sie vor jedem Opfer zurückgeschreckt war, um sie so zu retten.

Hätte sie im Zusammenhang mit Sir Albert auch nur einen Funken Hoffnung gehabt, wäre es unmöglich gewesen, aber sie hatte keine Hoffnung; Und mehr noch: Der schreckliche Stich in ihren Stolz, das Gefühl, dass sie ihre Liebe geschenkt hatte, ohne dass man sie wirklich gesucht hätte, machte sie manchmal wahnsinnig. Er würde von ihr erfahren, wenn sie Mr. Drayton heiraten würde, und er würde nie die Wahrheit erfahren.

Grace erwachte in einem Anfall von Schmerz und Schrecken; Bis jetzt hatte sie heftig gelitten, aber es hatte keine Blutung gegeben, jetzt kam es, und die arme Margaret, voller Angst und Furcht, sie wusste nicht was, wurde zur Verzweiflung getrieben. Als sie neben ihrer Schwester stand und ihr gequältes Gesicht beobachtete, schwor sie feierlich, dass sie sie um jeden Preis retten würde.

Nach einer Nacht bitterster Qual und Leid kam Frieden, und Margaret schlief auf dem harten kleinen Sofa und schlief tief und fest durch all den Aufruhr und die Hektik der „Sonne" bis zum Nachmittag.

Es gab ein gedämpftes Licht im Raum, und als sie aufwachte, geschah das mit dem Bewusstsein, als würde jemand sie anstarren, was die meisten von uns aus Erfahrung wissen. Erschrocken und verwirrt, ihre schönen Augen noch immer schwer vom Schlaf und ihr Haar in Unordnung, setzte sie sich auf und sah sich um.

Dort saß wie ein stilles Schicksal auf der gegenüberliegenden Seite des Raumes der Mann, vor dem sie sich fürchtete, Mr. Drayton, der sie aufmerksam beobachtete.

Margaret erhob sich, eine brennende Röte stieg ihr ins Gesicht.

"Wie bist du hier her gekommen?" Sie sagte. „Warum hat Mrs. Munro Sie nach oben kommen lassen?"

„Ich war in Renton, Margaret" (sie bemerkte nie, dass er ihren Namen vertraut aussprach). „Glaubst du, ich könnte aufhören, wenn ich wüsste, dass du umherwanderst und allein bist?"

„Meine Schwester war sehr krank, sie ist sehr krank", sagte die arme Margaret zitternd.

„Ein schlechter Ort, um krank zu sein", sagte er. „Kein Komfort, geschweige denn Luxus. Was kann ich nun für Sie tun? Machen Sie sich mit mir zum Freund. Ich werde tun, was ich kann, und ich werde es bereitwillig für *Sie tun*
."

Margaret konnte nicht sprechen. Ein paar Stunden zuvor hatte sie alles für möglich gehalten, und jetzt – Warum erfüllte dieses Meeresrauschen ihre Ohren, dieses Geräusch, das einen großen Gesang als Begleitung zu anderen

Worten und anderen Tönen erzeugte? Sie verdrängte diese Erinnerung. Herr Drayton sprach erneut.

„Ich vertraue darauf, dass du mich von Nutzen sein wirst", sagte er und fragte sich, was diese Bewusstseinsröte verursachte, die ihr ins Gesicht stieg und wieder verschwand.

„Du bist sehr gut", sagte sie mit leiser Stimme.

Er trat ein oder zwei Schritte näher an sie heran, und das brachte ihn in diesem kleinen Raum näher. Sie wich unwillkürlich zurück, und er sah die Bewegung und sie machte ihn wütend. Aber er beherrschte sich; er begann ein wenig von ihrem Charakter zu verstehen; Wenn er gewinnen wollte, musste er vorsichtig sein.

„Ich werde jetzt gehen", sagte er und nahm ihre kalte kleine Hand in seine, „aber ich werde nicht weit gehen, und du *musst* mich als deinen Freund betrachten, oder?"

Wieder kamen die schwach geäußerten Worte:

"Sie sind sehr gut."

Er warf ihr einen langen Blick zu, ging die Treppe hinunter und rief in einem scharfen, schnellen Ton Mrs. Munro.

„Mr. Sandford hat mich gebeten, dafür zu sorgen, dass die kranke junge Dame und ihre Schwester jeden Trost haben, den Sie bieten können. Fällt Ihnen etwas ein?"

„Oh je, Herr!" sagte die arme Frau Munro, die über diese Erklärung ungemein erleichtert war, „das arme Ding sollte eine Krankenschwester haben, und das habe ich immer und immer wieder gesagt, aber Miss Margaret scheint Angst davor zu haben, Geld auszugeben. Ich war mir ganz sicher, Sir, ich selbst, Es wäre in Ordnung, so junge Damen wie diese, die armen Dinger; und Miss Margaret würde sich kein Sofa kaufen – ein Sofa zum Schlafen – und ich habe mein Bestes gegeben, da ich meine eigene Arbeit und das Haus in meinen Händen hatte. und Verantwortung; Nachtarbeit steht mir nicht im Weg, aber die vielen Male, die ich diese Treppen hinauf- und hinuntergegangen bin, sind nicht viel anzusehen, aber es ist mühsam, sie hinaufzugehen, und schlecht, wenn sie herunterkommen es kommt oft vor, mein Herr.

„Kaufen Sie, was Sie brauchen, und lassen Sie mich wissen, was es ist, für Mr. Sandford. Alles, was Sie brauchen, müssen Sie sofort bekommen, und Sie brauchen sich keine Sorgen zu machen, Miss Margaret, oder zu sagen, dass ich daran beteiligt gewesen bin. Vielleicht gefällt ihr meine Einmischung nicht.“ . Ich bin mehr mit Herrn Sandford vertraut als mit ihr und handele für ihn. Er verließ das Haus, ohne ihre Antwort abzuwarten.

Dann ging er zum Haus des Arztes und befragte ihn. Er lernte von ihm, was gefordert wurde, und spielte seine Rolle gut. Dr. Burns war hocherfreut, dass Mr. Sandford sich nun ihres Falles annahm und telegrafierte ohne Zeitverlust um eine Krankenschwester und verschiedene Dinge, die er für notwendig hielt.

Margarets Überraschung war grenzenlos; Sie zweifelte keinen Augenblick an der Wahrheit der Geschichte der Wirtin und war zu völlig erschöpft, um die Krankenschwester eingehend zu befragen, als sie kam. Sie wusste, dass Mr. Sandford wirklich großzügig war, und sie dachte, dass er ihr helfen wollte, nachdem er von Graces Krankheit durch Mr. Drayton gehört hatte, und sie erwartete, jeden Moment Mrs. Dorrimans freundliches Gesicht auftauchen zu sehen.

Die erlesensten Früchte, die seltensten Blumen, alles, was man mit Geld bekommen konnte, kamen ohne Zögern an, und Grace begann wieder aufzuleben. Margaret nutzte die erste Gelegenheit, um einen langen Brief an Frau Dorriman zu schreiben; Ihr Herz floss über, sie dankte ihr für all ihre Rücksichtnahme und Freundlichkeit, sagte, wie oft sie sich mit ihrer mitfühlenden Freundlichkeit gewünscht hatte, ihr zu helfen, und sandte eine Nachricht voller freundlicher Gefühle an Herrn Sandford. Sie hatte gerade ihren mühsam geschriebenen Brief fertiggestellt, da Grace sie jeden Moment beanspruchte und die Unterbrechungen die Mühe, die sie hatte, ihre Dankbarkeit zu zeigen und ihre Trauer auszudrücken, ohne über die Unzulänglichkeiten ihrer Schwester nachzudenken, noch verstärkten, als Mr. Drayton hereinkam.

„Sie haben geschrieben“, sagte er, als er sah, welchen Beruf sie ausgeübt hatte.

„Ja, ich habe der lieben Frau Dorriman dafür gedankt, dass sie so rücksichtsvoll und freundlich zu meiner Schwester war. All der Luxus, die bessere Pflege, so viele Annehmlichkeiten retten ihr das Leben“, und Margarets Augen waren weicher als je zuvor und feucht mit Gefühl. „Ich kann ihr nie genug danken.“

„Gibt es so viel, wofür man dankbar sein kann?“ fragte er in einem Tonfall, den sie nicht ganz verstehen konnte, und machte sich im Moment keine Zeit zum Nachdenken.

„Ah, du kannst nicht wissen, was es vorher war“, sagte sie inbrünstig; „meine arme Schwester sterben zu sehen und nicht zu wissen, wie ich ihr helfen kann, und dann zu sehen, wie sie wieder aufersteht; und du warst auch freundlich“, fügte sie hinzu, als eine schwache Röte in ihre Wangen stieg,

„und ich glaube, du hast es erzählt." Frau Dorriman. Indirekt sind wir es Ihnen schuldig, und ich bin Ihnen dankbar.

Er wurde aus der Fassung gebracht.

„Margaret", sagte er heiser, „würde es Ihnen weh tun, mir *alles zu verdanken*? Wenn Ihr Brief dazu dient, Mrs. Dorriman zu danken, dann schicken Sie ihn nicht ab, denn ich habe ihr nie geschrieben. Diese Dinge und die Anwesenheit, die Sie denken, schon." Viele Kleinigkeiten an sich sind von mir wirklich für dich gedacht. Ich würde dafür sterben, dir zu dienen.

Margaret, erschrocken und beunruhigt, sah ihn mit Bestürzung und sogar Entsetzen im Gesicht an; Es kam ihr so vor, als ob die Maschen eines Netzes zusammengezogen würden und ihr plötzlich das Gefühl gegeben würde, dass alle Fluchtversuche machtlos seien.

Mr. Drayton beobachtete sie immer noch aufmerksam. Würde ihm dieses Bekenntnis helfen oder sie weiter von ihm fernhalten?

"Wie kann ich Ihnen danken?" sagte sie schließlich mit weißen und zitternden Lippen.

„Du weißt wie. Sprich nicht, denn wenn du gerade sprechen würdest, könntest du alle meine Hoffnungen auf Glück zunichtemachen. Ich weiß", sagte er bitter, „dass du mich nicht nur nicht liebst, sondern dass du geradezu davor zurückschreckst, unterdrückt zu werden." Keine Verpflichtung mir gegenüber, Margaret, ich bin bereit, alles zu tun, was ich kann, und ich würde mich nicht damit zufrieden geben, dich zu lieben gib meine Leidenschaft zurück.

Er blieb stehen. Margaret saß still und kalt wie eine Statue da.

„Denken Sie darüber nach", wiederholte er, und seine Stimme war voller Pathos und Leidenschaft. „Und wenn Sie sich entschieden haben, senden Sie mir ein Wort: *Kommen Sie* . Bis dahin werde ich Sie in Ruhe lassen."

Er stand auf und verließ sie, und das arme Kind saß da, mit dem benommenen Gefühl der Hilflosigkeit, das manchmal auf die Nachricht von einem großen Unglück folgt, kaum in der Lage zu denken, den Kopf in einem vollkommenen Wirbel.

Sie wurde von der Krankenschwester geweckt, die ihr sagte, dass ihre Schwester sie wollte.

Dann kam ein Hoffnungsschimmer zu ihr; sie würde mit Grace darüber sprechen; Sie dachte, jetzt, da Grace besser und fähiger sei, sich eine Meinung zu bilden, würde sie selbst diesen Fluchtweg verhindern wollen und darüber nachdenken, zurückzugehen und ihn vorzuschlagen. Sie ging zu ihr, in das größere Zimmer, auf dem Mr. Drayton bestanden hatte, und ging zum Sofa, wo Grace ruhig lag, umgeben von Blumen und Dingen, die *er* ihr geschickt hatte.

„Grace", sagte sie, kniete neben ihr nieder und schaute ihrer Schwester mit einer Welt voller Protest und Angst in die Augen, „wenn es dir wieder ganz gut geht, würdest du nichts dagegen haben, auf Luxus zu verzichten. Wenn du wieder wirklich du selbst bist, wirst du es tun." keine Angst vor Armut?"

„Margaret, was meinst du?" rief Grace aufgeregt; „Diese Dinge, wie Sie sie nennen, sind jetzt für mich notwendig."

„Aber wenn ich sie haben wollte, Grace, wäre ich gezwungen, etwas zu tun, was ich sehr hasse, und das würde mein Leben für immer verderben. Du würdest auf Dinge verzichten, wenn es dir gut geht, Grace? Und wir könnten zurückgehen."

„Du kannst tun, was du willst, Margaret, ganz wie du willst, aber ich werde nie zu diesem abscheulichen Mann und diesem abscheulichen Ort zurückkehren."

„Nicht, wenn es mich vor lebenslangem Kummer bewahrt hat?"

„Das ist Unsinn, Margaret. Ich weiß ganz gut, was Sie meinen; Sie meinen, dass Sie Mr. Drayton nicht heiraten wollen, und Sie haben alle möglichen hochtrabenden Ideen; warum, wenn Sie ihn heiraten würden, würden wir immer glücklich sein." , und ich hasse Armut!" und Grace zog ihre Steppdecke – eines seiner Geschenke – schwach an ihre Ohren.

„Aber, Grace", flehte Margaret und sehnte sich nach einem kleinen Wort des Trostes oder der Hilfe, „ich bin so fest davon überzeugt, dass eine solche Ehe eine böse Sache ist. Ich denke, es ist so falsch zu heiraten, wenn es keine Liebe gibt." . Es ist so eine ernste Sache, Grace. Es ist, als würde man absichtlich Unrecht tun.

„Sie machen alles feierlich", sagte Grace in einem verdrießlichen Ton; „Ich bitte Sie, nichts zu tun, was ich nicht auch selbst tun würde. Wenn Mr. Drayton mich bitten würde, ihn zu heiraten, würde ich direkt ,Ja' sagen."

„Aber wir sind anders."

„Ja, wir sind anders; und jetzt hast du mich unglücklich gemacht. Ich werde jetzt nichts anderes tun, als still zu liegen und zu erwarten, dass alle meine Annehmlichkeiten verschwinden", und ein heftiger Hustenanfall brachte sie zum Schweigen.

An diesem Nachmittag ging es ihr schlechter; Die Aufregung des Gesprächs war zu viel für sie gewesen. Als es wieder Nacht wurde, kam es zu einem schrecklichen Blutsturz. Sogar die Krankenschwester machte Margaret Vorwürfe.

„Deiner Schwester ging es so gut, bis du zu ihr gingst, um mit ihr zu reden“, sagte sie; „Jugendlichen kann man nie klar machen, wie ruhig man eine Person in Miss Rivers' Zustand halten sollte. Ein weiterer Angriff wie dieser könnte für sie tödlich sein.“

Die ganze Nacht wachte und betete Margaret abwechselnd. Ihre Stimmung war in einem fieberhaften, aufgeregten Zustand. In einem Moment war sie wild vor Reue und im nächsten verzweifelt. Der Angriff war an sich schon schrecklich anzusehen, und Graces tiefes Entsetzen machte ihn nur noch schrecklicher.

Als der Morgen anbrach, lag eine an Mr. Drayton adressierte Notiz auf dem Tisch. Es war ein Appell, der jeden hätte bewegen können, der nicht selbstsüchtig auf sein eigenes Ziel bedacht war. Margaret fragte ihn, ob er glaubte, dass eine Ehe für einen von beiden glücklich sein könnte, wenn auf ihrer Seite keine Liebe herrschte. „Ich bin dir dankbar, aber Dankbarkeit ist etwas anderes, wenn du auf diesem Beweis beharrst. Du bringst mich dazu, Unrecht zu tun, es wird kein Segen folgen.“ Sie schrieb dies im Vertrauen auf seine Großzügigkeit. Aber als sie es abschickte, sagte sie sich, es sei ihre letzte Chance – dass ihr Opfer vollständig sein müsste, wenn ihre Worte ihn jetzt nicht bewegten. Grace lag ausgestreckt da, zu träge, um irgendetwas zu bemerken, zu erschöpft, um sprechen zu können.

Der Arzt war verzweifelt, und die arme Margaret hatte das Gefühl, dass ihr durch die dringenden Worte an die Krankenschwester ein indirekter Vorwurf vermittelt wurde: „Halten Sie Miss Rivers ruhig; Unruhe, die geringste Aufregung, wird sich als tödlich erweisen.“

„Und dieser Schritt, durch den ich sie offenbar allein retten kann, tötet auch mein Leben“, hauchte Margaret leise vor sich hin.

Mr. Drayton verstand nicht im Geringsten alles, was das arme Kind in seinem Brief mitteilen wollte; die eine Tatsache machte alle anderen bedeutungslos – Margaret würde ihn heiraten, und er hatte seinen Standpunkt verstanden.

Wäre er dort gewesen, hätte Mr. Sandford etwas in seinem Gesicht gesehen, das Margaret schon vor langer Zeit gesehen hatte. Seine stahlblauen Augen leuchteten triumphierend und in einem seltsam wechselnden Licht.

Er ging so schnell er konnte zur „Sonne“, und Margaret las ihr Schicksal in seinem Gesichtsausdruck; und ihr Herz schien in ihr zu sterben.

Einige Wochen vergingen. Woher hatte Margaret all die Vorsicht gelernt, die sie jetzt an den Tag legte? Sie würde ein Opfer bringen. Der Selbsterhaltungstrieb veranlasste sie, an Herrn Sandford zu schreiben; Sie bestand darauf, ihn sofort zu sehen, und Mrs. Dorriman bat sie, zu ihr zu kommen.

Mr. Drayton war sehr verärgert, als er herausfand, was sie getan hatte. „Sie werden dich mitnehmen", sagte er; „Sie werden zwischen uns kommen."

„Ich habe dir mein Versprechen gegeben", sagte sie kalt, „ist das nicht genug?"

Für beides war in dem kleinen Gasthaus kein Platz, aber Margaret nahm sich eine Unterkunft. Es war das Beste, denn ihre Anwesenheit hätte Grace zu sehr aufgeregt.

Mr. Sandford fand in dem kalten, ruhigen, entschlossenen Mädchen vor ihm eine neue Margaret.

Sie teilte ihm kurz und sehr leise mit, dass sie versprochen hatte, Mr. Drayton zu heiraten.

„Aber ich wünsche es nicht länger", sagte er eifrig und hoffte, dass sie weicher und veränderter würde. Ihr harter, kalter Gesichtsausdruck war eine schreckliche Enttäuschung.

„Ich habe es versprochen", antwortete sie, „und ich wollte, dass du kommst, denn wenn ich das tue, dann geschieht es für Grace; und du musst für mich dafür sorgen, dass für Grace gesorgt wird, ob ich lebe oder sterbe. Sie." Ich muss immer genug haben. Du bist weise in den Dingen, und ich gebe mein Leben, und Grace muss genug haben.

„Aber, Margaret! Ist Grace das wert? Ein lästiges, verrücktes, selbstsüchtiges Geschöpf –"

„Bitte verschone sie für mich!" sagte Margaret leidenschaftlich; „Sie ist meine Schwester und ich liebe sie."

"Aber sicher--"

„Ich habe es versprochen", wiederholte Margaret und Mr. Sandford zügelte sein Temperament. Er sagte leise:

„Sag nur eines, dass ich nicht die Ursache bin –"

„Ich kann es nicht sagen", sagte Margaret vehement; „Sie haben uns ein Zuhause geboten und dieses Zuhause unerträglich gemacht."

„Du bist unhöflich."

„Waren Sie großzügig, als Sie uns verspotteten, als Sie sagten, wir sollten gehen?"

„Das habe ich dir nie gesagt."

„Du hast es zu Grace gesagt, meiner Schwester, die ich mehr liebe als mein Leben."

Dann steigerte sich sein Zorn, und er sagte grausame und bittere Dinge über Grace; und Margaret stand auf und blickte ihn, ihre Zurückhaltung und Kälte wieder annehmend, an.

„Es bedeutet dir nichts", begann sie mit leiser Stimme, „du sagst diese Dinge und erwartest, dass ich sie höre. Ich schätze deine Liebe zu mir nicht – wenn du mich wirklich liebst, wie du sagst –, weil du sie weitergeben wirst." Keine Nachsicht gegenüber meiner Schwester. Du kannst uns nicht trennen. Sie ist ein Teil von mir, und ihr zuliebe können Dinge erfüllt werden, die sonst unmöglich wären.

Herr Sandford schwieg. Er war sich der Wirkung seiner Gewalt nie bewusst und war sich bewusst, dass er Margaret so sehr mochte, dass er sie für undankbar hielt, weil sie seine Zuneigung nicht einigermaßen erwiderte.

„Ich werde an dieser Ehe weder handeln noch teilnehmen", sagte er und erhob sich.

„Du wirst mir also bis jetzt nicht helfen?" fragte sie müde, „und ich habe sonst niemanden."

Herr Sandford schrieb eine Adresse auf.

„Dieser Mann wird Ihnen helfen", sagte er und verbarg seine unangenehmen Gefühle hinter einer zunehmenden Schroffheit. „Er ist Anwalt und wird die Angelegenheit regeln. Was mich betrifft, bin ich nutzlos, und ich wäsche von nun an meine Hände von all Ihren Sorgen."

Er ließ sie verlassener zurück als zuvor. Sie war sich jetzt bewusst, dass sie in irgendeiner Weise eine vage Hoffnung gehabt hatte, dass er die Dinge für sie und Grace arrangieren würde und dass er Freundlichkeit erfahren würde. Sie hatte das Gefühl, dass die Loyalität gegenüber ihrer Schwester es erforderte, dass sie sich über seine Worte ärgern sollte; und sie verdrängte entschlossen jegliches Bedauern.

Dann setzte sie sich und begann an die ihr angegebene Adresse zu schreiben. Es fiel ihr schwer zu schreiben, am schwersten war es, sich auszudrücken; Und während sie dasaß und darüber nachdachte, wie sie – dem Gefährlichsten – am besten ein halbes Selbstvertrauen entgegenbringen könnte, wurde die Tür sanft aufgestoßen, und Mrs. Dorriman, deren Gesicht unterdrückte Aufregung zeigte, trat ein und nahm sie in die Arme.

Mrs. Dorriman war nach Torbreck gegangen, weil sie dachte, sie hätte einige Neuigkeiten zu überbringen, die die Lage für Margaret sehr verändern würden, und war daher von der Nachricht ihrer Verlobung mit Mr. Drayton nicht so überwältigt, wie sie sonst gewesen wäre.

Nach tränenreichen Erkundigungen über Grace und vielen sanften Ausrufen der Trauer und des Staunens dachte sie, sie würde Margaret etwas über Mr. Drayton sagen; sie würde vorsichtig sein. Sie war zu schüchtern, um aus eigener Überzeugung zu handeln, sie würde sich von ihrer Antwort leiten lassen.

„Sind Sie wirklich mit Mr. Drayton verlobt, meine liebe Margaret, ganz verlobt mit ihm?"

„Ich habe es versprochen", sagte die arme Margaret.

„Aber vielleicht, meine Liebe, könnte ich dir etwas sagen."

„Du darfst mir nichts sagen", rief sie schnell. „Ich habe es versprochen – und – du darfst es mir nicht noch schwerer machen."

„Dann ist es schwer?"

„Ich gebe mein Leben auf!"

„Aber vielleicht, Margaret, kann sich das, was ich zu sagen habe, ändern –"

„Jetzt kann nichts die Dinge ändern", und Margaret sprach bestimmt; „Ich kann nicht zurück, und er hat so viel getan."

„Es ist so ein schrecklicher Fehler", und die arme Frau Dorriman dachte darüber nach, wie sie ein Wort sagen könnte, „andere würden genauso viel tun –"

„Aber Grace wird es nicht zulassen. Nein! Glaubst du, ich hätte zustimmen sollen, glaubst du, ich würde zustimmen, wenn es möglich gewesen wäre … Oh!" rief sie und ein Ausdruck des Entsetzens trat in ihre Augen, „Selbst das ist falsch. Ich sollte nicht so darüber sprechen. Liebes!" Sie fuhr fort und wandte sich an die arme, verwirrte Frau Dorriman: „Sie müssen mir helfen und dürfen mir nicht das Gefühl geben, dass Sie mich nicht verstehen. Ich habe darüber nachgedacht und darüber gebetet, und ich muss es durchziehen." Sie hielt inne, um ihre Selbstbeherrschung wiederzuerlangen, und fügte dann hinzu: „Und es gibt sonst niemanden."

„Es gibt sonst niemanden", wiederholte Frau Dorriman vage; „Ich dachte, da wäre noch jemand anderes."

Hatte auch sie die aufkeimende Leidenschaft gesehen, die Margaret so vehement unterdrückt hatte? Eine brennende Röte stieg ihr ins Gesicht und sie antwortete wütend: „Es gibt sonst niemanden."

Und dann redeten sie über andere Dinge.

Danach schwieg Frau Dorriman. Sie hatte das kluge Gefühl, dass sie möglicherweise nichts Gutes tat, sondern nur Unheil anrichtete, wenn sie Margaret von Sir Alberts Besuch erzählte und, wie sie beabsichtigt hatte, darüber nachdachte, wie sehr er darauf bedacht war, sie zu finden.

Mr. Drew, der Anwalt, an den Margaret schrieb, war an die vagesten Aussagen gewöhnt, die ihm von Zeit zu Zeit von seinen Mandanten gemacht wurden. Aber er glaubte, dass er im Laufe seiner Erfahrung noch nie etwas so Unverständliches gelesen hatte wie den Erguss der armen Margarete.

Er konnte nur zwei Tatsachen erkennen. Sie wollte eine Menge Geld auf irgendeine Weise sichern (da sie selbst keins hatte), sie würde heiraten; dann widersprach sie dem und sagte, *sie* wolle kein Geld. Es war nur ihre Schwester.

Als sie Mr. Sandford nannte und Mr. Drew eine leichte geschäftliche Bekanntschaft mit ihm hatte, schrieb er ihm und erhielt Aufklärung.

„Miss Margaret Rivers hat beschlossen, einen Mann wegen seines Geldes zu heiraten, und möchte sicherstellen, dass sein Teil der Abmachung über geschäftliche Verluste hinausgeht; das Geld wird für ihre Schwester, Miss Grace Rivers, benötigt, und Sie sollten es besser tun Passen Sie gut auf, was Sie vorhaben, denn Mr. Drayton, der fragliche Mann, ist schlüpfrig wie ein Aal.

Zum Glück wusste die arme Margaret nichts von dieser Erklärung. Mr. Drew kam nach Torbreck, um sie zu sehen. Er erwartete, eine ältere, kluge Frau zu finden, und war mehr überrascht, als er es ausdrücken konnte, als er plötzlich mit Margaret konfrontiert wurde.

Sein Erstaunen war so groß, dass er eine Weile sprachlos vor ihr stand.

„Miss Margaret Rivers?" sagte er fragend.

„Ja, Margaret Rivers ist mein Name. Ich habe Ihnen geschrieben. Es tut mir leid, dass Sie sich die Mühe machen mussten, zu kommen."

„Ihr Brief war etwas schwer zu verstehen", sagte er lächelnd und wunderte sich nicht mehr über seine Unbestimmtheit. Wie konnte dieses junge Mädchen mit einem Fremden auf Erklärungen eingehen? und er war so erstaunt darüber, dass sie Mr. Drayton heiraten würde, dass er nicht darüber hinwegkommen konnte. Was war das Motiv?

Aber Margaret, die den schwierigsten Teil von allem, ihre eigene Zustimmung, auf ernste, sachliche Weise überwunden hatte, versuchte klar und deutlich zu sagen, was sie zu sagen hatte.

„Mr. Drayton hat versprochen – meine Schwester muss in Sicherheit sein – ", das war alles, was sie zu sagen hatte.

„Und Sie selbst, Miss Rivers?"

„Ich will nichts, nichts für mich selbst, aber für sie – es muss sicher gemacht werden."

„Ich sehe keine Möglichkeit, das zu bewerkstelligen, wenn *sie nicht* Mr. Drayton heiratet. Jede Geldvereinbarung muss in Form einer Ehevereinbarung erfolgen."

Sie sah ihn verständnislos an.

„Ist das so? Ist das ganz wahr?"

„Das ist ganz richtig. Es mag eine Bedingung geben, ein Versprechen, aber verzeihen Sie mir, Miss Rivers, das würde wie ein Schnäppchen aussehen und könnte zu Missverständnissen führen."

„Es ist ein Handel", sagte die arme Margaret, während ihr Gesicht unter seinem Blick rot wurde; „Meine Schwester muss irgendwie in Sicherheit gebracht werden."

„Ich denke, ich sollte lieber Mr. Draytons Geschäftsmann aufsuchen", sagte er und stellte fest, dass ihr nichts anderes am Herzen lag als das, was für ihre Schwester getan werden konnte.

„Ein klarer Fall von Gekauft und Verkauft", sagte er sich, als er sie verließ; „Was für ein hübsches, attraktives Mädchen! Nun, ich werde darauf achten, ihre Interessen scharf zu vertreten."

Es war jedoch tatsächlich sehr schwierig, Herrn Drayton zu einer Vereinbarung zu bewegen. Er war völlig überrascht. Hätte Herr Sandford dies getan, wäre es natürlich nur richtig gewesen und hätte erwartet werden können; aber Margaret, einem Anwalt Anweisungen zu geben und in Geldangelegenheiten Vereinbarungen zu treffen! Er ging wütend und genervt zu ihr.

„Sie könnten mir vertrauen", sagte er.

„Wie kann ich dem Leben vertrauen?" sagte sie mit einem ernsten, ernsten Blick; „Der Tod ist immer da, und wenn du stirbst – meine Schwester könnte leiden. Ich könnte sterben … Es muss so sein."

Er zitterte ein wenig.

„Wie redest du weiter, Margaret, und du lächelst nie; du bist nicht wie jede Braut, die ich je gesehen habe, du siehst so traurig aus, so traurig; weißt du, dass du ein sehr schlechtes Kompliment machst? Wird es dich zufriedenstellen." wenn ich dafür sorge, dass deine kostbare Schwester bei meinem Tod etwas bekommt?"

„Nein", sagte Margaret fest, „du weißt, dass ich dich nur heirate, weil ich nicht anders kann. Ich habe dir die Wahrheit nie verheimlicht, niemals; wenn du darauf bestehst, mich zu heiraten, habe ich dir nichts verheimlicht." ... Es ist noch nicht zu spät."

Er sah sie fest an.

„Ich kann mir nicht vorstellen, warum ich dich so sehr liebe", sagte er bitter, „trotz deiner Verachtung, deiner Kälte und allem anderen. Ich denke, ich bin tatsächlich ein Narr."

"Warum interessiert es dich so sehr?" Sie sagte; „Es gibt viele, die lernen könnten, dich zu lieben, viele Mädchen, die schöner sind als ich. Ich bin nicht so sehr schön."

„Es gibt nur eine Margarete für mich", antwortete er, „und mit der Zeit wirst du mich lieben", und doch hatte er ein unbehagliches Gefühl der Minderwertigkeit, dass er ihren Standard nicht erreichen konnte.

Mr. Drew empfand ihn als einen sehr lästigen Mann, mit dem man nur sehr schwer umgehen konnte, und schließlich konnte er nicht die Vereinbarung treffen, die er sich gewünscht hatte. Margaret würde durch Beschränkungen eingeschränkt werden, und die Treuhänder hätten viel in ihrer Macht; Für den Fall von Mr. Draytons Tod wurde Grace eine sehr bescheidene Summe zugesichert. Kurz gesagt, es kam dazu; dass beide Schwestern während seines Lebens von ihm abhängig waren und bei seinem Tod reichlich versorgt wurden, so Margaret reichlich.

Die Einwände von Herrn Drew wurden von Margaret zurückgewiesen.

„Alles, was ich wollte, war Gewissheit für den Fall, dass ich allein gelassen werde. Natürlich wird Grace, solange ich lebe, solange *wir* leben, alles mit mir teilen. Mr. Drayton wird das zulassen."

Er sagte nichts und bildete sich ein, dass er dies versprochen hatte. In ihrer Unerfahrenheit hätte sie nie davon geträumt, ein Leben ohne Grace zu führen. Natürlich würde sie bei ihr sein; sie würden alles teilen; Das war ihr so klar im Kopf, dass das arme Kind nie darüber nachdachte, sie hielt es für selbstverständlich. Sie erhielt verschiedene Briefe von alten Schulkameraden, als ihre bevorstehende Heirat bekannt wurde, konnte sie jedoch nicht beantworten. Sie legte sie beiseite und schrieb danach. Wie konnte sie auf Glückwünsche antworten? Ein Brief eines Mädchens, das sie besonders gemocht hatte, blieb ihr noch lange im Gedächtnis.

„Ich sehne mich danach, alles über *ihn zu erfahren* ", schrieb sie. „Nach der Intimität zwischen uns habe ich Ihr Schweigen hart gespürt; es ist jetzt erklärt; Sie sind glücklich, Ihr Ideal bereits gefunden zu haben; ich hatte immer Angst, dass nur wenige Ihren hohen Standard erreichen könnten, und

Sie sind nicht die Art von Charakter ohne Liebe und Wertschätzung zu heiraten.

Arme Margarete! Schon ihre von der Liebe nicht geblendete Schnellsichtigkeit zeigte ihr Mr. Drayton, wie er war – eitel und allein von seiner Eitelkeit geleitet. In allen anderen Dingen war er gut gelaunt und neigte dazu, freundlich zu sein, aber wenn er mit sich selbst nicht im Reinen war, wenn ihm nicht geschmeichelt wurde, verschwand seine gute Laune und er wurde unhöflich und mürrisch. Und Margaret fürchtete sich unter anderem vor seiner Unhöflichkeit und wäre, wenn sie nicht diese niedergeschlagene Gestalt gehabt hätte, die ihr so unbeschreiblich lieb war, lieber gestorben, als sich dem Leben mit ihm gestellt zu haben. Für sie war es ein moralischer Tod, und der nicht zuletzt schmerzliche Teil des Opfers bestand darin, dass sie, obwohl sie nichts anderes sehen konnte, in ihrer eigenen Wertschätzung nachließ.

Insgesamt war es eine einsame kleine Zeremonie. Frau Dorriman, die treu an dem armen Kind festhielt, ging mit ihr nach Glasgow, wo Herr Drayton alle notwendigen Vorkehrungen getroffen hatte.

Nichts Geringeres als eine Braut ging jemals zum Traualtar. Während der Zeremonie hörte Margaret nichts, dachte an nichts, sondern sprach inbrünstige Gebete um Vergebung und Hilfe. Es gab einen eiligen Abschied. Mrs. Dorriman begleitete sie in den Zug – sie wollten für kurze Zeit wegfahren.

Während sie immer noch dort stand, richtete Margaret ihre tränenüberströmten Augen auf den Mann, der jetzt ihr Ehemann war.

„Wann sollen wir zurückkommen? Ich möchte meiner Schwester eine Nachricht schicken."

Trotz aller Antwort wiederholte er ihr die Worte, die sie gerade gesagt hatte: „„Alle anderen im Stich lassen und nur an ihm hängen"", und während er sprach, fuhr der Zug los.

KAPITEL IV.

Grace lehnte sich zurück, nachdem sie sich von Margaret getrennt hatte, mit dem Gefühl, endlich sicheren Boden unter den Füßen zu haben; aber es gab nicht das volle Gefühl der Befriedigung, das sie erwartet hatte. Die Erinnerung an Margarets weißes Gesicht und die zitternden Lippen war nicht angenehm. Es war ganz Margarets Art, sich in allem zu behaupten – sie sah alles übertrieben; Das lag daran, dass ich so ein poetisches Temperament hatte, was nicht immer erstrebenswert war.

Trotz dieser vernünftigen Überlegungen verspürte sie ein starkes Unbehagen, und obwohl Grace versuchte, es abzuschütteln und der Krankenschwester vorzulesen und mit ihr zu sprechen, half ihr das nicht. Die Amme beschäftigte sich mit der schönen Braut, die ihre Schwester sein würde; Zweifle nie einen Moment an Orangenblüten, weißem Satin und alles ist vollständig.

Mrs. Dorriman kam spät nach Hause und ging mit Anzeichen von Tränen in Graces Zimmer, was teilweise auf die Traurigkeit dieser Hochzeit und teilweise auf Müdigkeit zurückzuführen war. Graces unbedeutende Fragen erschütterten sie. Sie hatte das Gefühl, dass es ein schreckliches Opfer gewesen war, und sie wünschte, dass die Schwester, die es so wenig verstand, dazu gebracht werden könnte, es wertzuschätzen. „Arme Liebste Margaret!" sagte Grace, „hat sie mir keine Nachricht geschickt?"

hatte keine Zeit. Ich hörte, wie sie ihn fragte, wann sie zu Hause sein sollten – sie wollte dir Bescheid *sagen* alles haben, was sie von ihm hofft und erwartet.

„Sie dürfen nicht so traurig sein, Mrs. Dorriman, es ist so schlimm für mich", sagte Grace verdrießlich.

„Es tut mir leid", sagte die arme Frau, die ihr nicht wehtun wollte. „Ich habe nicht an dich gedacht, ich habe an Margaret gedacht."

„Jeder denkt immer an Margaret", fuhr Grace in einem ärgerlichen Ton fort. „Es ist das Außergewöhnlichste, es ist immer dasselbe – es ist immer Margaret."

„Ruhen Sie sich jetzt aus, dann können wir nach und nach reden", sagte Frau Dorriman. „Ich habe viel zu tun; und was dich betrifft, Grace, hast du irgendwelche Pläne?"

„Habe ich irgendwelche Pläne?" fragte Grace und öffnete in tiefstem Erstaunen die Augen. „Natürlich, sobald ich umziehen kann, soll ich natürlich bei Margaret wohnen – einer schönen Villa mit Bäumen und allem Drum und Dran, in der Nähe von London!"

„Oh, dann ist das geklärt", sagte Frau Dorriman sehr erleichtert. „Ich wusste es nicht; es wird schön sein, dass ihr zusammen seid."

„Ja, es wird schön sein", sagte Grace aufgeregt. „Wenn du wüsstest, wie sehr ich mich danach sehne, wegzugehen und die Welt zu sehen."

"Armes Kind!"

„Nun, Mrs. Dorriman, da sind Sie wieder so traurig, wie Sie nur sein können. Ich wünschte, Sie würden nicht –"

„Würde was nicht tun?"

„Sprich, als würde es mir nie wieder gut gehen", und Grace, schwach und schwach, brach in einen heftigen Tränenfluss aus.

Daran habe ich nicht gedacht ", sagte Frau Dorriman hastig, „aber das Leben ist enttäuschend, und wenn man sich zu sehr an die Welt klammert, wird man die vielen Enttäuschungen überwältigend spüren."

„Warte, bis du es siehst", sagte Grace und wischte hastig ihre Tränen weg.

Frau Dorriman verließ sie; Sie hatte nicht den Mut, ihr ihre eigene Überzeugung zu sagen, dass Mr. Drayton in Geldangelegenheiten freundlich zu ihr sein könnte, aber was ihr Zusammenleben mit ihm und Margaret anbelangte, das sie kurz gesagt zu ihrem Zuhause machen würde, *dachte* sie völlig anders als er vorschlagen. Sie wusste jedoch nichts wirklich über die Angelegenheit. Was zwischen den Schwestern vorgefallen war oder welche Vereinbarungen und Vereinbarungen sie mit Mr. Drayton getroffen hatte, entzog sich ebenfalls ihrer Kenntnis, und sie vertraute auf Graces selbstbewusstes Auftreten, dass sie etwas Greifbares hatte, auf das sie sich stützen konnte.

In der Zwischenzeit drängte Mr. Sandford auf die Rückkehr seiner Schwester, und der Arzt war bestrebt, Grace in ein angenehmeres Klima zu bringen.

In letzter Zeit ging es ihr auf jeden Fall besser und sie war aufgeweckter, und er hoffte, dass es ihr vielleicht noch besser gehen würde, wenn sie rechtzeitig irgendwohin ginge.

Frau Munro war über seine Art, das Klima herabzusetzen, äußerst beleidigt. „Was stört dich, dass du unser Klima verunglimpfst? Wenn das Wasser steigt, muss es irgendwo auch wieder sinken."

„Aber hier kommt gerade alles runter", sagte er lachend, „und es ist sehr feucht. Es ist alles sehr gut für Sie und mich, Frau Munro, wir sind beide stark und gesund, aber diese arme junge Dame." wird nie wieder gesund, es sei denn, wir können sie wegholen.

„Ich weiß nichts über Feuchtigkeit", sagte sie. „Wenn man ein gutes Haus über dem Kopf hat (und das ist ein gutes Haus) und Feuer, was spielt dann das Wetter draußen für eine Rolle? Es ist nur Unruhe, Doktor, und sonst nichts."

Der gute Arzt konnte das Problem nicht ganz verstehen. Frau Dorriman hatte ihrem Bruder geschrieben. Sie war überrascht über Graces Ruhe; Dabei vergessen wir , dass wir in der extremen Trägheit der frühen Genesung die Dinge ohne Frage hinnehmen und uns die Ermüdung des Grübelns über die Zukunft oft erspart bleibt.

Mr. Sandford war überhaupt nicht geizig, aber er hatte Margaret gemocht und wollte freundlich zu ihr sein, und er beschuldigte Grace, alle seine Arrangements und vor allem diese Ehe durcheinander gebracht zu haben.

In letzter Zeit waren mehrere Dinge passiert, die ihn dazu brachten, Mr. Drayton in einem ganz anderen Licht zu sehen; und er war wütend auf Margaret, weil sie ihn geheiratet hatte, und wütend auf sich selbst, weil er es einmal so gewollt hatte.

Sein Temperament besserte sich mit zunehmendem Alter nicht. Er war gereizter denn je. Er fand an allem etwas auszusetzen, und wenn Jean an Mrs. Dorriman geschrieben hätte, hätte sie vielleicht jetzt das Wort „wütend" hinzugefügt.

Mrs. Dorriman bat ihn um Geld, um Grace nach Süden zu bringen. „Sie ist krank und Sie nicht, und angesichts ihres Gesundheitszustands wäre es meiner Meinung nach grausam, sie allein wegzuschicken."

Ihr Brief erreichte ihn im falschen Moment. Er hatte gerade einen seiner Meinung nach äußerst unverschämten Brief von Mr. Drayton erhalten, setzte sich und sagte seiner Schwester in der rauesten Sprache deutlich, dass die Draytons sich vielleicht um Grace kümmern würden, er würde nie wieder etwas mit ihr zu tun haben; und er bestand darauf, dass *sie* sofort zu ihm zurückkehrte.

Arme Frau Dorriman! Sie ging zu Grace, ohne zu wissen, wie sie ihre Abreise ankündigen sollte, und stellte sich vor, dass das Mädchen sich ohne ihre Schwester oder sich selbst so verlassen fühlen würde; ratlos darüber, wie die Wünsche des Arztes umgesetzt werden sollten, und insgesamt besorgt und verärgert.

Grace war in sehr guter Stimmung. „Sehen Sie, Mrs. Dorriman", rief sie fröhlich, „ich kann ziemlich sicher durch den Raum gehen!" und mit sehr zögerndem Schritt taumelte sie gegen die gegenüberliegende Wand.

Ihre schlanke Figur und ihre glitzernden Augen erfüllten Mrs. Dorriman mit Mitgefühl, und mit großer Anstrengung sagte sie, als Grace, ein wenig keuchend, wieder auf ihrem Sofa saß: „Wann haben Sie zuletzt von Margaret gehört, meine Liebe?"

„Vor einer Woche; sie ist so faul beim Schreiben, und wenn sie schreibt, erzählt sie mir nichts", sagte Grace sehr kleinlich.

„Woher hat sie geschrieben?"

„Irgendwo in Österreich – stellen Sie sich vor, was für ein Glück sie hatte, nach Wien, Paris, Berlin und Konstantinopel zu reisen."

„Hat sie dir eine Adresse gegeben?"

„Oh, das tut sie nie, weil sie nie die geringste Ahnung hat, wohin sie geht. Ich glaube, Mr. Drayton behält alles für sich. Ich habe ihr geschrieben, aber ich schicke meine Briefe zufällig. Bleiben Sie, denke ich Ich habe ihren letzten Brief hier, Sie können ihn sehen, wenn Sie möchten, sie nimmt das Leben immer so ernst, dass sie keinen Sinn für Spaß hat, ich hätte sicher viel länger und amüsanter schreiben sollen Brief!"

Frau Dorriman las den Brief und ihre Augen füllten sich mit Tränen. Es war ein Brief von jemandem, der den ganzen Frühling seiner Jugend verloren hat – auf jeder Seite war Unglück und das Verlangen, zu wissen, dass es Grace gut ginge und sie mit Trost umgeben war und dass sie glücklich war. Es war ein flehentlicher Schrei, zu erfahren, ob der Schritt, den sie getan hatte, ihrer geliebten Schwester von Nutzen gewesen war.

„Grace", sagte Mrs. Dorriman nach einem oder zwei Augenblicken, „wenn Sie umziehen, wie der Arzt hofft, haben Sie dann Geld?"

„Geld! Meine liebe Frau Dorriman, was für eine seltsame Frage. Ich habe kein Geld – ein paar Schilling, das ist alles."

„Und wird Margaret Ihnen welche schicken? Wird Mr. Drayton alle Ihre Ausgaben bezahlen?"

„Natürlich wird er das tun, jetzt hat Margaret ihn geheiratet. Ich verstehe, was du meinst. Ich sollte ihr besser darüber schreiben."

„Ja, du solltest besser schreiben." Mrs. Dorrimans Gesicht wurde rot. „Ich wünschte, mein armes Kind, es wäre anders gewesen, aber mein Bruder ist immer noch beleidigt von dir. Es tut mir so leid, aber er möchte, dass ich zu ihm nach Hause gehe."

"Tut er?" sagte Grace gleichgültig, und Mrs. Dorriman bemerkte mit Schmerz, dass diese Nachricht, die sie dem Kranken mitteilen wollte, sie überhaupt nicht berührte.

„Er will mich sofort. Ich mag es nicht, dich hier allein zu lassen, Grace, ohne deine Schwester; es wird langweilig und einsam für dich sein."

„Das wäre es, aber du siehst, ich gehe auch", sagte Grace. „Wenn ich nicht bald von Margaret höre, werde ich nach London zu ihrem Haus gehen und dort auf sie warten."

Sie sprach so selbstbewusst, dass Frau Dorriman sehr erleichtert war. Bei all ihrem Mitgefühl gab es so wenig, was ihr sympathisch war, dass sie Grace gegenüber nie liebevoll sein konnte, und da sie selbst eine warmherzige Natur hatte, bildete sie sich ein, dass das Mädchen es an ihr vermissen musste. Sie versuchte immer, sie zu mögen, und scheiterte.

Der Brief, den Grace in regelmäßigen Abständen und mit einigen Schwierigkeiten schrieb, erreichte Margaret mit einiger Verzögerung. Sie war am Rhein in Mainz, müde vom ständigen Reisen und am meisten besorgt um ihre Schwester. Sie wartete ungeduldig auf die Rückkehr ihres Mannes, er war geschäftlich unterwegs.

„Ich habe von Grace gehört, die sie geschrieben hat, nachdem sie alleine über den Boden gegangen war. Sie kann jetzt reisen. Wann können wir nach Hause kommen?" sie fragte, als er das kleine Wohnzimmer betrat.

Er lachte ein wenig. „Miss Grace kann also reisen. Wohin will sie gehen?" fragte er langweilig.

Margarets Gesicht wurde rot. „Sie kommt zu uns – sie soll mit uns leben."

„Das sind in der Tat Neuigkeiten", sagte er lachend – und wie sehr sie sein Lachen mittlerweile hasste! „Diese Aussage hat zwei Seiten."

„Sie können sicher nichts dagegen haben, wenn meine Schwester zu mir kommt."

„Ich fürchte, ich habe Einwände – zwischen einem so hingebungsvollen Paar wie dir und mir", sagte er mit einem höhnischen Grinsen. „Kein Dritter würde es angenehm finden. Ich habe jedenfalls nicht vor, es auszuprobieren."

„Du willst nicht sagen, dass meine eigene und einzige Schwester nicht zu mir kommen darf?" sagte Margaret mit stockender Stimme.

„Ich meine es ernst. Ich habe dich geheiratet; ich habe deine Schwester nicht auch geheiratet. Sie ist nicht ganz in meiner Linie, und je früher du es verstehst, desto besser."

„Und das arme Kind, sie ist krank und ... mittellos." Margarets Herz raste bis zum Ersticken. Sie hatte aus diesem einen Grund geheiratet und nicht das bekommen, was sie für eine Gewissheit gehalten hatte.

„Es ist grausam, uns auseinanderzuhalten", sagte sie und unterdrückte ihre Tränen. Sie fühlte sich hilflos und elend.

„Es ist eine traurige Lage", sagte er mit seinem hasserfüllten kleinen Lachen. „Aber vielleicht wird der ausgezeichnete Mr. Sandford für sie sorgen."

„Und wissen Sie", sagte Margaret empört, „Sie wissen, dass wir in Torbreck waren, weil Grace die Lage, in die er sie gebracht hat, nicht ertragen konnte. Sie kann ihn nicht ertragen!"

„Wie bedauerlich! Nun, sehen Sie, ich mag sie überhaupt nicht. Warum sollte ich? Sie hat mir nie anständige Höflichkeit gezeigt, und ich möchte sie nicht haben. Es ist besser, offen zu Ihnen zu sein. Ich hasse alles." ihre verdammten Allüren und Grazien.

Margarets Tränen flossen schnell. Sie unterdrückte ihre Gefühle und nahm all ihren Mut zusammen. Sie sagte: „Ich habe dich nie um Geld gebeten. Gibst du mir jetzt etwas?"

„Um es ihr zu schicken – ganz bestimmt nicht."

„Du wirst kein Geld geben", rief sie verzweifelt.

„Nein, ich werde nichts dergleichen tun. Nun, Margaret, du solltest mich ein für alle Mal besser verstehen. Als ich dich heiratete, wollte ich deine Liebe gewinnen. Ich habe nicht erwartet, dass du mir jemals geben würdest, was ich dir gegeben habe. Du Du siehst aus, als hättest du ein gebrochenes Herz und wärest ein Märtyrer. Glaubst du, dass ich nicht wusste, dass du mich nur geheiratet hast, weil deine kostbare Schwester sich entschieden hat, mit ihrem Brot zu streiten? Aber es war mir egal, dass Freundlichkeit und Zuneigung eine Gegenleistung bringen würden. Ich bin der Meinung, dass ich jedes Recht habe, bei meiner zu scheitern. Und mit einem seiner abscheulichen Lacher ließ er sie über seine Worte nachdenken.

Margaret ging zum offenen Fenster und blickte auf den Garten und den Fluss – strahlend im Sonnenschein und als würde sie sich über ihre Verzweiflung lustig machen.

In seinen Worten lag ein schmerzlicher Körnchen Wahrheit, das sie mit Demütigung erfüllte. Wurde sie nicht gerecht bestraft? Sie hatte Unrecht getan; Könnte aus dem Bösen jemals Gutes hervorgehen? Sie würde vielleicht lange leben, und ihr ganzes Leben lang sollte sie diese schreckliche Gesellschaft haben.

Sie faltete die Hände und versuchte ruhig und betend darüber nachzudenken, was sie jetzt tun konnte, als das Schweigen der Menschheit inmitten des Tosens und Kräuselns des Flusses gebrochen wurde und eine wohlerinnerte Stimme sie beim Namen rief.

„Margaret, meine Margaret, ich habe dich gefunden! Es steht mir frei, dir das Ende meiner Geschichte zu erzählen. Ich habe versucht, dir den Anfang zu erzählen. Ich liebe dich! Mein Schatz, ich liebe dich! Kannst du mich auch lieben!"

Ein schwacher Schrei brach über Margarets Lippen hervor. Für einige Momente verschwanden die Gegenwart und all die Schrecken ihrer Lage aus ihrer Erinnerung. Er stand neben ihr, und als er nichts anderes als die Flut der Freude las, mit der sie seine Worte in ihrem Gesicht hörte, schloss er sie in seine Arme.

Für einen köstlichen Moment schien sich ihr der Himmel zu öffnen. Sie vergaß alles, außer dass er sie liebte. Dann stieß sie ihn mit einem Schrei von sich weg und verbarg ihr Gesicht in den Händen, zu elend, zu völlig elend, als dass sie Tränen oder irgendeinen äußeren Ausdruck gehabt hätte. Er stand entsetzt da; er hatte die Freude in ihrem Gesicht gesehen und was bedeutete das nun?

Sie drehte sich hastig zu ihm um; er darf nicht dort stehen; Er darf keinen Moment in Unwissenheit bleiben. Mit unterdrückter Leidenschaft erzählte sie ihm alles, wie sie seine Worte falsch interpretiert und versucht hatte, ihn zu vergessen; von der Krankheit ihrer Schwester und von ihrer eigenen Ehe. Als sie anfing zu sprechen, schossen ihr die Worte über die Lippen. Sie erzählte ihm von ihrer grausamen und bitteren Enttäuschung über Grace und bat ihn wild, ihr zu helfen. "Was soll ich tun!" Sie weinte. "Hilf mir!"

Er hörte sie mit den bittersten Gefühlen gegen den Mann, der ihre Liebe zu ihrer Schwester ausgenutzt hatte, nur um am Ende den Glauben an sie zu brechen. Es war für ihn schrecklich, Margaret, die immer so ruhig und selbstbeherrscht war, in so tiefer und schrecklicher Aufregung zu sehen. Seine Trauer um sie war so groß, dass seine eigene neben ihr im Nichts versank. Er hatte ihre große Selbstlosigkeit immer für eine ihrer größten Vollkommenheiten gehalten, aber die Hingabe an ihre Schwester war für ihn ganz wunderbar.

In ruhiger Stimme, die die Aufregung, die er vor ihr verbergen wollte, noch nicht ganz verbarg, erklärte er seinerseits seiner Mutter sein Versprechen, seine Reise und ihren Tod. Durch all ihr Elend löste sich eine Wolke auf. Sie hatte sich nicht geirrt, und er hatte sie geliebt!

Sie standen Seite an Seite und schwiegen, nachdem der Schleier von ihren beiden Herzen gelüftet worden war, und er bemerkte mit Schmerz die Transparenz, die ihn mit Besorgnis erfüllte.

Sie hatte ihn um Hilfe gebeten, und er würde ihr helfen.

„Gib mir die Adresse deiner Schwester", sagte er; „Es gibt nur eine Sache, die ich jetzt verstehen möchte: Warum hat Mrs. Dorriman Ihnen nie von meinem Besuch erzählt?"

„Frau Dorriman?“

„Ja! Als ich feststellte, dass ich nichts von dir erfahren konnte, ging ich dorthin und sah sie. Sie wusste nicht, wo du warst, aber ich ließ sie sehen, wie sehr ich darauf bedacht war, dich zu finden. Ich ließ sie wissen, dass ich dich liebte, Margaret, das tat ich Sie hat nie mit dir von mir gesprochen?

„Niemals“, sagte die arme Margaret zögernd. "Ah!" Sie sagte, als ein plötzlicher Glanz in ihre Erinnerung kam: „Jetzt erinnere ich mich, dass sie versucht hat, mir etwas zu sagen, und ich wollte nicht zuhören. Ich wusste nicht – wie konnte ich das wissen – es bezog sich auf dich?“

„Wäre es zu spät gewesen?“ fragte er mit leiser Stimme.

„Ich weiß es nicht“, sagte sie und fuhr sich mit der Hand über ihre tränenlosen Augen. „Ich kann nicht sagen, was ich hätte tun können; aber dann hatte ich versprochen – ist es nicht schwer?“ rief sie aus. „Oh! Es kommt mir wirklich schwer vor, das Glück zum Greifen nah gehabt zu haben und es dann wieder verloren zu haben!“

Er war unaussprechlich berührt und hatte Angst, es ihr noch schwerer zu machen; er wollte gehen.

„Du wirst für mich immer die höchste Art von Weiblichkeit sein“, sagte er. „Wirst du mir in Bezug auf deine Schwester vertrauen? Ich werde heute Abend nach England fliegen.“

„Lasst uns jetzt und für immer Lebewohl sagen“, sagte sie und streckte ihre Hände aus, und als er sie in seinen rang, hauchte sie „Gott segne dich“ und verschwand so aus seinem Blickfeld.

Sir Albert verlor keine Zeit; Er wusste, dass es das Beste war, und er traf alle seine Vorkehrungen und fuhr mit dem ersten Zug los, den er erwischen konnte.

Sein einziger Trost würde jetzt darin bestehen, durch ihre Schwester etwas für sie zu tun. Aber als die Hektik der Abreise vorbei war und er es sich in seinem Eisenbahnwaggon bequem machte, hatte er Zeit, über seine eigene grausamste und schrecklichste Prüfung nachzudenken. Seit er Margaret kennengelernt hatte, wuchs seine Liebe zu ihr. Er war gewandert, um wieder gesund und stark zu werden. Ihr Bild ging ihm nie aus dem Kopf, und er hatte geglaubt, er hätte ihr so klar gemacht, dass sie irgendwo auf ihn wartete und ihn erwartete. Er hatte Mr. Drayton gesehen; Er war genau der Typ Mann, der sich so benahm, wie er es getan hatte, und es war ziemlich schrecklich, daran zu denken, dass dieses schöne und unschuldige Mädchen in seiner Macht stand.

Er ruhte nie, bis er in Schottland ankam. Er ging direkt nach Torbreck, wo er die Vermieterin interviewte. Miss Rivers war gegangen. Sie war nach London gegangen, um bei ihrer Schwester zu wohnen.

Sir Albert wollte nicht sagen, dass ihre Schwester nicht da war, aber er erkundigte sich eingehend nach ihrem Gesundheitszustand und hinterließ bei Mrs. Munro einen großen Eindruck von seinem Verhalten und den nachdenklichen Bemerkungen, die er machte.

„Er ist ein wirklich hübscher Mann", sagte sie hinterher, „und ich bin mir sicher, dass er weiß, wie man Fragen stellt. Er war so wählerisch, wie er nur sein konnte. Miss Rivers dies und Miss Rivers das. Sie hat eine gerade Nase und Miss Rivers.". Ich leugne es nicht, aber sie ist kein bisschen freundlicher, das ist das Beste.

Mrs. Dorriman war sehr erstaunt, als Sir Albert erneut in den Salon von Renton geführt wurde. Sie war zu schüchtern, um sich nicht durch die Ankunft eines Mannes beunruhigen zu lassen, der aus seiner Bewunderung für Margaret keinen Hehl gemacht hatte.

Wusste er etwas und was wusste er? Ihr Gesichtsausdruck war so deutlich fragend, dass er darauf antwortete, und als er auf sie zuging und nicht auf die übliche konventionelle Begrüßung wartete, sagte er: „Ich weiß alles, Mrs. Dorriman; ich habe sie gesehen – ich habe Margaret gesehen!"

"Ah!" sagte die arme kleine Frau mit einem tiefen Seufzer der Erleichterung.

„Es war grausame Arbeit", sagte er leidenschaftlich. „Warum hättest du sie nicht retten können?"

„Ich wusste es erst zu spät. Wie könnte ich sie retten?" Sie sprach erschrocken und dachte einen Moment lang, dass er recht hatte. Dann erinnerte sie sich: „Ihre unglückliche Schwester Grace hat ihr nicht erlaubt, nach uns zu schicken. Ich wusste nicht, wo sie war. Und als du mich verlassen hast, hast du mir keine Adresse gegeben; selbst wenn ich sie gehabt hätte, bin ich es." Ich bin mir nicht sicher, ob ich dir hätte schreiben sollen. Da hätte nichts getan werden können. Wie geht es Margaret? fragte sie nach einer kurzen Pause.

Er antwortete ihr nicht sofort. Dann sagte er mit gebrochener Stimme: „Ich habe noch nie jemanden gesehen, der sich so verändert hat; sie ist nur ein Schatten ihres früheren Selbst."

„Gott helfe ihr!" murmelte Frau Dorriman.

„Es war furchtbar für uns beide", sagte er hastig in einem Ton, den er vergeblich zu beruhigen versuchte; „Wir werden einmal und nie wieder darüber reden. Sie, armer Schatz, hat etwas missverstanden, was ich ihr in

Lornbay gesagt habe. Es kommt mir so seltsam vor, daran zu denken, dass sie nicht gesehen hat, wie sehr ich sie verehrte. Ich hatte nicht die Freiheit, ganz mit ihr zu sprechen Offen, denn als ich noch sehr jung war, kaum mehr als ein Schuljunge, geriet ich in eine dumme Situation, und meine Mutter musste mir versprechen, niemals jemandem meine Liebe zu gestehen, ohne es ihr vorher mitzuteilen. Sie verstand das Wort „frei". um zu bedeuten, dass ich irgendwie an jemand anderen gebunden war, und sie schien sich eingebildet zu haben, dass sie mich nicht richtig verstanden hatte. Sie können sich vorstellen, dass eine solche Idee mit ihrem leidenschaftlichen Wunsch zusammenwirkte, Grace zu helfen , und hat unser Glück ruiniert."

„Gott helfe ihr!" rief erneut Frau Dorriman aus.

„Alles, was ich jetzt tun kann, ist, für ihre Schwester zu arbeiten. Mr. Drayton lehnt jede Hilfe ab und wird sie nicht aufnehmen, und Margaret ist fast außer sich. Ich war in Torbreck. Sie ist von dort weg."

"Aber wo?" sagte Frau Dorriman. „Sie dürfen meinen Bruder nicht hart verurteilen, Sir Albert, aber da Grace hinter dem Opfer der armen Margaret steckt, wollte mein Bruder sie nicht hier haben; er würde ihr nicht helfen, da er wusste, dass Mr. Drayton dem zugestimmt hatte. "

„Und er weigert sich auch. Nun, meine erste Aufgabe muss es sein, das arme Mädchen zu finden, und doch, Mrs. Dorriman, kann es sein, dass ich Schaden statt Nutzen anrichte, wenn ich die Suche persönlich durchführe. Können Sie sich niemanden vorstellen, der das tun würde? es unternehmen?"

dachte Mrs. Dorriman vergebens. Sie kannte niemanden und hatte große Angst um Grace, die wenig Geld und keine Erfahrung hatte und so eigensinnig war – sie würde wahrscheinlich ihrer ohnehin schon so empfindlichen Gesundheit schaden, wenn sie tausend unvorsichtige Dinge tat.

„Lass uns Jean fragen", sagte sie mit einer hastigen Erklärung ihrer Position; und Jean, die gerufen wurde, um ihr einen Rat zu geben, den sie sehr gerne tat, betrat die Szene, das Bild einer alten Highland-Dienerin vom besten Typ, voller ebenso viel Respekt wie Selbstachtung.

„Jean", sagte Mrs. Dorriman, „Mrs. Drayton, ich meine Miss Margaret, macht sich Sorgen um ihre Schwester. Sie hat Torbreck verlassen, und wir wissen nicht, wohin sie gegangen ist. Ich denke, Sie können uns helfen. Wissen Sie?" von irgendjemandem, zu dem sie im Süden gehen könnte?"

„Wie geht es Miss Margaret? Ich kann ihr noch keinen anderen Namen geben", sagte Jean und wandte sich direkt an Sir Albert Gerald.

„Es geht ihr ziemlich gut", antwortete er abwesend; Er dachte an das blasse Gesicht und vertraute darauf, dass er ihrer Schwester auf die Spur kommen und ihr ein wenig Trost und Glück ins Herz bringen und dass der traurige, wehmütige Blick gemildert und aufgeheitert werden könnte.

„Nun, Ma'am", sagte Jean und wandte sich an Mrs. Dorriman, „was Miss Grace betrifft, ich neige zu der Annahme, dass sie hier am Bahnhof wissen werden, wo sie ist."

„Der Bahnhof? War sie hier?"

„Nein, Ma'am, sie war nicht hier, aber sie hat mich vor einiger Zeit angewiesen, ihre Kisten dorthin zu schicken, und ich habe es getan; und ich bin davon überzeugt, dass sie, sobald es ihr wieder gut ging, nicht lange von ihren Kisten getrennt wurde ."

Sir Albert ergriff seinen Hut, dann fiel ihm ein, dass er, vorausgesetzt, sie hätten ihre Adresse, immer noch dafür sorgen müsste, dass jemand mit ihr kommuniziert.

„Wenn wir ihre Adresse finden, was können wir als nächstes tun? Ich werde mir natürlich alle Mühe machen; aber es sollte besser jemand gehen, der ihr von Nutzen sein könnte."

Frau Dorriman farbig. Sie hatte keine eigenen Mittel und war sich nicht sicher, ob ihr Bruder welche bereitstellen würde; Ansonsten war sie durchaus bereit, jede Distanz zu gehen oder alles zu tun, was ihrer Meinung nach hilfreich war.

Sir Albert sah das Zögern und sagte besorgt: „Ich hoffe, wer auch immer diesen Auftrag der Wohltätigkeit übernimmt, wird mir erlauben zu helfen – auf die einzige Weise, die in meiner Macht steht."

„Sir", sagte Jean, „wir werden Ihnen helfen, wenn wir Hilfe für nötig halten. Mrs. Dorriman hat alles in Hülle und Fülle, auf das sie zurückgreifen kann, wenn sie es auf diese Weise braucht. Sie trottet nicht in Samt umher, aber sie hat es." es, wenn sie es will.

„Still, Jean", sagte ihre Herrin; „Gehen Sie selbst zum Bahnhof und erkundigen Sie sich, und Sir Albert wird auf jeden Fall warten, bis Sie zurückkommen."

Jean gehorchte, und Mrs. Dorriman wandte sich an den jungen Mann und sagte mit erhöhter Farbe und einer kleinen erbärmlichen Geste:

„Es mag dir seltsam vorkommen, aber obwohl ich von meinem Bruder alles bekommen habe, was ich mir nur wünschen kann, habe ich keinen Einfluss auf Geld. Du bist kein Verwandter, nur ein Freund, aber irgendwie fällt es mir nicht so schwer sei dir verpflichtet, wie es mir gebührt.

„Danke für diese Worte", sagte er ernst; „Sie werden mir einen wirklichen Dienst erweisen, wenn Sie mein Geld dafür verwenden. Das ist das Einzige, was ich tun kann", fügte er traurig hinzu.

Jean kehrte bald mit einem Hauch von Triumph vom Bahnhof zurück.

„'Tat, und hatte ich nicht ganz recht?' Sie sagte; „Miss Grace hat erst gestern ihre Sachen abholen lassen, und ich habe den Mann dazu gebracht, mir die Adresse zu Papier zu bringen: Diese unheimlichen englischen Namen sind mir schwer zu merken."

Mrs. Dorriman und Sir Albert lasen es gemeinsam.

„Der Limes, Wandsworth."

„Bei Mr. Drayton", sagte Mrs. Dorriman; „Wie seltsam! Und Sie sind ganz sicher? Er weigerte sich, sie dorthin zu lassen."

Sie sprach mit gedämpfter Stimme, aber Jean hörte die Worte.

„Das würde Miss Grace nicht aufhalten", sagte sie mit einem kurzen Lachen; „Wenn sie Lust hat, etwas zu tun, ist sie nicht leicht aufzuhalten."

Nachdenklich reichte Mrs. Dorriman das Papier durch ihre Hände. Wie konnte sie Herrn Sandford den Fall vorlegen, um ihn zu gewinnen? Jedes Mal, wenn sie mit ihm über Grace oder Margaret sprach, verlor er die Beherrschung und schuf eine Szene, die sie tagelang krank und nervös machte. Wenn es etwas Gutes bringen würde, würde sie sich dagegen wehren, aber wenn es nichts nützen würde –

Sir Albert beobachtete sie besorgt. Er hatte das Gefühl, dass es eine weibliche Hand brauchte, um Grace und *ihrer Schwester* wirklich von Nutzen zu sein , und er erkannte, dass er nicht ausreichend hinter den Kulissen war, um alle Schwierigkeiten dieser Art zu erkennen, sondern eine schüchterne Frau.

Als Mr. Sandford hereinkam, empfand er es noch mehr als je zuvor. Er war in einer so gewaltigen Leidenschaft, dass er kaum sprechen konnte: Er bemerkte Sir Albert kaum, warf sich aber auf einen Stuhl und blickte starr vor sich hin. Er befand sich in der Phase der Wut, in der ein Mann darauf bedacht ist, alle seine Habseligkeiten unbequem zu machen und sie, wenn möglich, auch aus der Fassung zu bringen.

Sir Albert wäre gegangen, aber Mrs. Dorriman sah, dass etwas Schlimmeres als üblich passiert war; Sie hatte immer Angst, wenn ihr Bruder allein mit ihr war, und wenn er außer sich war, hatte sie einfach Angst. Sie machte eine flehende Geste, die den Impuls des jungen Mannes, wegzugehen, bremste.

Es entstand eine Stille, die wie eine schreckliche Last auf die beiden fiel, die einander ansahen, ohne sich ihrer gegenseitigen Anziehungskraft bewusst zu sein, aber der Blick wurde vom Hausherrn gesehen und er entfachte seine Leidenschaft. Er sprang von seinem Stuhl auf, überschüttete seine Schwester Grace und Margaret mit einer Schimpftirade, fluchte und benutzte die schrecklichste Sprache, was die arme Frau Dorriman in einen hilflosen Zustand des Schreckens und der Bestürzung versetzte.

Sir Albert sah ihn mit größter Verwunderung an. Jetzt verstand er die ganze Sache; Grace war dem ausgesetzt gewesen und sie war gegangen, und er konnte sich darüber nicht wundern. Er konnte jetzt durchaus verstehen, dass Margaret das Gefühl gehabt hatte, dass jedes Leben besser sei als dieses. In seinem Mitgefühl für sie sprach er laut seine Gedanken aus.

„Kein Wunder, dass sie davor geflohen sind", sagte er ganz unbewusst, während er Mr. Sandfords wilde Gesten mit einem überwältigenden Gefühl der Empörung betrachtete.

Mr. Sandford hörte ihn und verstand. Er drehte sich zu ihm um und sagte:

„Sie wissen nicht, welchen Grund ich zum Zorn habe; es ist ein gerechter Zorn. Der Mann, der Margaret geheiratet hat, ist ein Schurke und Betrüger, und er ist ruiniert, und er hat *mich fast ruiniert* !"

Bevor ein weiteres Wort gesprochen werden konnte, ertönte das Geräusch einer Ankunft, und während die drei atemlos dastanden und all ihre Gefühle von Wut und Mitgefühl auf beiden Seiten für einen Moment unter Kontrolle gehalten wurden, glitt ihr Kopf in den Raum so hoch wie eh und je, aber erschöpft und unruhig, – Grace Rivers!

„Ich bin zurückgekommen", sagte sie und ließ sich auf einen Stuhl sinken; „Ich bin gerade zu müde, um alles zu erklären; und", wandte er sich an Frau Dorriman, „wird jemand das Taxi bezahlen, denn ich habe kein Geld?"

Es entstand eine Pause. Zum Glück für Grace hatte Mr. Sandfords Wut nachgelassen, und sie lehnte sich in ihrem Stuhl zurück und musterte sie alle mit einem scharfen, fragenden Blick.

„Ich kann jetzt nicht auf alles eingehen, aber ich war bei Mr. Draytons Haus; er hat es verkauft, und ich bin hierher gekommen, weil ich nirgendwo anders hingehen kann."

KAPITEL V.

Als Mr. Drayton an dem Tag zurückkam, an dem Sir Albert Margaret gesehen hatte, kam er zutiefst verärgert nach Hause. Er glaubte so fest an sich selbst, dass es ihn ärgerte, wie er jeden Tag feststellen musste, dass der Verlust seines Managers in jeder Hinsicht ein Verlust für ihn war. Im Moment schien nichts zu gelingen, und er war verärgert und sehr belästigt. Als er das kleine Hotel betrat, in dem er Margaret zurückgelassen hatte, fragte er, ob ein Mann angerufen habe, den er erwartet hatte.

Der Wirt, ein beleibter, bequemer, kleiner Mann mit einer kräftigen, rauen Stimme und einer Dicke, die teils von natürlichen gutturalen Neigungen, teils von Bier und Pfeifen herrührte, verneinte dies, sagte aber, dass er das gnädig halte Die Dame hatte ihn im Garten interviewt.

Überrascht ging er sofort zu seiner Frau und fragte, ob das wahr sei.

Margaret, die beschlossen hatte, ihm zu sagen, dass Sir Albert dort gewesen sei, und die seit seiner Abreise viel Zeit damit verbracht hatte, darüber nachzudenken, ob sie ihrem Mann sagen sollte, was passiert war, wurde überrascht und bekam eine schnelle Röte normalerweise blasses Gesicht.

Wie viele schöne und zart aussehende Frauen errötete sie kräftig, und die Röte färbte ihren Hals. Ihr Mann beobachtete sie mit einem misstrauischen und wütenden Stirnrunzeln, ganz anders als das lachende, spöttische, das er ihr normalerweise zeigte.

„Sir Albert Gerald kam zufällig an diesem Ort vorbei", sagte sie, „er wusste nicht, dass wir hier waren. Er sprach eine Weile mit mir, dann ging er weg."

„In der Tat! Und warum wirst du so rot wie eine Pfingstrose, weil ich das herausgefunden habe, nicht wahr?"

„Du siehst so seltsam aus", sagte sie, ein wenig erschrocken über sein Verhalten.

„Tatsächlich? Glaubst du, dass ich erfreut aussehen kann, wenn ich sehe, dass der Besuch dieses Mannes eine solche Macht über deine kalte und gleichgültige Natur hat und dass du vor ihm zitterst und errötest, während du vor mir …? Wo ist dieser Mann?" und er stand auf und ging zur Tür.

„Er ist nach England gegangen", sagte Margaret sanft. „Er kam zufällig vorbei und sah mich; er wusste nicht, dass ich verheiratet war … Er ging sofort weg."

„Oh! Und was kümmerte es ihn, ob du verheiratet oder unverheiratet warst?" sagte er wütend; „War er dein Liebhaber?"

„Ich wusste es erst –“ Margaret war zu ehrlich, um sich einer direkten Frage zu entziehen.

„Nun, seien Sie gut genug, um zu sprechen; wenn Sie es nicht tun –“ und er trat dicht an sie heran.

Seine Drohung gab Margaret Mut.

„Ich habe nicht den Wunsch, etwas vor dir zu verbergen“, sagte sie kalt und würdevoll; „Ich wusste nicht, dass Sir Albert Gerald sich um mich kümmerte. Ich habe etwas missverstanden, was er zu mir sagte, dass er nicht frei sei. Er wusste nicht, wo ich war, und gestern kam er zufällig vorbei. Er wusste nichts. Ich sagte es ihm.“ war jetzt deine Frau und ...“

„Und du hast geweint, seit er gegangen ist, und deshalb wirst du weiß und rot“, sagte er. „Hättest du mich geheiratet, wenn du gewusst hättest, dass er dich liebt?“

"Niemals!" sagte Margaret und sah ihn direkt an.

„Danke“, sagte er, „jetzt kenne ich dich. Ich war rundum ein Idiot!“

Er warf sich auf einen Stuhl und blickte trübsinnig vor sich hin.

„Du hast mich geheiratet, weil du wusstest, dass ich keine Liebe zu geben hatte“, sagte Margaret sanft; „Ich habe es dir selbst gesagt.“

„Du hast mir nicht gesagt, dass du jemand anderen liebst“, sagte er wütend, „und das ist etwas ganz anderes; du hast mich von Anfang bis Ende betrogen!“

„Ich habe dich nie vorsätzlich getäuscht – und ich wusste es selbst nicht“, sagte sie. „Ich dachte, es wäre nur eine angenehme Pause in meinem Leben gewesen, und alles sei vorbei.“

Er gab ihr keine Antwort, aber als er aufstand, um das Zimmer zu verlassen, sagte er: „Sie müssen bereit sein, heute Abend nach dem Abendessen aufzubrechen. Eine schlechte Nachricht schickt mich nach England.“

"Nach England!" rief Margaret schnell aus. „Oh, ich werde froh sein, wieder zu Hause zu sein.“

Er sah sie einen Moment lang an, dann warf er den Kopf zurück und lachte auf seine übliche laute Art, und zum ersten Mal löste das Geräusch bei ihr Erleichterung aus.

Sie kannte ihn kaum. Sie kannte die krankhafte, intensive Eifersucht nicht, die ihn erfüllte. Er vergaß nie die kleinste Kränkung, die er sich selbst zugefügt hatte, und auch nicht die kleinste Wunde, die seiner Eitelkeit zugefügt wurde. Er hielt diese Gefühle sorgfältig verborgen, aber früher oder später brachte er sie zum Vorschein, und wenn er sich rächen konnte, dann tat er es, als der Täter selbst die ganze Transaktion völlig vergessen hatte.

Nach England zu gehen bedeutete, Grace näher zu sein, von der sie schon lange nichts mehr gehört hatte, und sie fühlte sich weniger verlassen und glücklicher als schon seit sehr langer Zeit.

Armes Kind! Sie erkannte nicht den großen Unterschied, den Sir Alberts Worte für sie gemacht hatten. Sie analysierte ihre Gefühle nicht, aber sie war wirklich glücklicher, weil ihr der Schmerz genommen wurde, ungewollt geliebt zu haben. Sie war sich nicht bewusst, wie sehr sie dadurch verletzt und verletzt wurde. Jetzt war der Schmerz geringer, alles war leichter zu ertragen.

Margaret hatte sich nie groß mit dem Reichtum ihres Mannes beschäftigt, und da er das Vertrauen zu ihr gebrochen und sich geweigert hatte, Grace zu helfen, war sie zu dem Entschluss gekommen, dass es ihr gelingen würde – sobald sie das Kommando dazu hätte von dem Geld, das sie zu haben erwartete, ganz selbstverständlich. Sie war eine der wenigen Frauen, die sich nicht nur nicht für Schmuck interessierten, sondern ihn auch eher ablehnten. Sie hatte eine Vorliebe für alles Einfache und Frische und war der Meinung, dass alle Kleidungsstücke durch Verzierungen und Verzierungen verdorben würden. Sie liebte weiche Stoffe, die anmutige Falten bildeten, und hatte eine Abneigung gegen raschelnde Seide, und die wenigen Kleider, die sie besaß, zeichneten sich durch ihre Weichheit, die harmonische Farbgebung, in der nie zwei Farben auftauchten, und eine gewisse Eignung für ihren besonderen Stil aus. Dieser äußere Ausdruck ihres Sinns für das, was angenehm anzusehen war, entsprach ihrer Reinheit des Denkens, in das so wenig Gemeines und Kleines eindringen konnte. Sie könnte das sein, was Grace immer von ihr behauptete – erhaben und geneigt, in allen Dingen zu einer gewissen Übertreibung der Gefühle zu neigen; Aber alltägliche Dinge schienen ihr wichtig zu sein, da sie das Leben anderer beeinflussten, und sie hatte die bestmögliche Vorstellung von den Pflichten des Lebens im Allgemeinen und von ihrem eigenen Leben im Besonderen. Sie verdrängte entschlossen alle Gedanken darüber, was hätte sein können, und beschloss, ihr Bestes zu tun, um ihrem Mann eine sympathischere Ehefrau zu sein. Um diese Pflichten erfüllen zu können, muss sie lernen, ihn besser kennenzulernen, seine Angelegenheiten zu verstehen und ihr Interesse an seinen Berufen zu zeigen.

Mr. Drayton, der in diesem Augenblick seine Verluste und seine wahre Lage so sorgfältig wie möglich vor der Kenntnisnahme aller schützte, war unangenehm überrascht, als sie eine seiner Ansicht nach neugierige Haltung gegenüber diesem Thema entwickelte. Er stellte sich direkt vor, dass sie auf irgendeine Weise einen Hinweis erhalten hatte, und war entsprechend beunruhigt und verärgert.

Er fand es sinnlos, ihr oberflächliche Erklärungen zu geben, die im Allgemeinen inkonsistent waren. Sie war so völlig unvoreingenommen und ihr wahres Interesse lag so völlig außerhalb dieser Dinge, dass ihre kritische Fähigkeit völlig beeinträchtigt war, und sie demonstrierte seine Trugschlüsse mit einer Schnelligkeit, die ihn in Erstaunen versetzte. Sie verfügte über den ganzen Scharfsinn, den er brauchte, und er musste sich eingestehen, dass sie ihm vielleicht wertvolle Hilfe geleistet hätte, wenn es nicht zu spät gewesen wäre.

Aber er verstand sie nicht und misstraute ihr; Folglich schenkte er ihr kein wirkliches Vertrauen und versuchte tatsächlich mehr als einmal, sie in die Irre zu führen.

Von diesem Moment an stellte sie ihm keine weitere Frage mehr. Sie hatte getan, was sie für ihre Pflicht hielt, und das Ergebnis war, dass er in ihren Augen für immer herabgesunken war. Sie war in der Tat eine strenge junge Richterin, da viele ihrer Entdeckungen „geschäftswidrig" waren und eine dehnbare Auslegung hätten ermöglichen können; Aber sie war sich bewusst, dass diese Folge ihres Pflichtgefühls jede Chance zunichte machte, die Eigenheiten ihres Mannes zu ertragen, und wenn dem so war, musste sie sich damit abfinden, kein Verständnis dafür zu haben; sie bereitete ihm keine Schwierigkeiten mehr, und er konnte den Entzug ihres Interesses ebenso wenig begreifen wie seinen Ursprung.

Ohne eine Seele, mit der sie sprechen konnte, ohne wirkliches Interesse an ihrem Leben, tat Margaret das, was viele Frauen vor ihr getan hatten, bei denen ein ungewöhnlich aktives Gehirn und keine Möglichkeit für Gedanken in eine andere Richtung vorhanden waren. Sie begann zu schreiben, und ihr Sinn für Harmonie sowie ihr leidenschaftliches und poetisches Temperament trieben sie dazu, im Metrum zu schreiben.

Nicht immer. Manchmal schrieb sie ihre Eindrücke von Charakteren und Szenen nieder – sie notierte jene schnellen und subtilen Gefühlsänderungen gegenüber belebten und unbelebten Dingen, die durch die Stimmung des Augenblicks Leben und Farbe erhielten. Diese Beschäftigung empfand für sie eine so große Erleichterung, dass sie sie nach und nach in Anspruch nahm. Es war, als würde sie einer Freundin ihre ganze Seele ausschütten, die sie niemals verletzen oder enttäuschen konnte.

Aber sie hätte nie gedacht, dass darin eine Gefahr lauerte. Alles wurde sorgfältig zerstört oder weggesperrt. Sie hatte viele einsame Stunden und einen ständigen Kampf mit sich selbst. Ohne diesen Beruf hätte sie mehr gelitten. In dem Moment, in dem eine leidenschaftliche Trauer oder ein

Kummer ihren Ausdruck findet und Linderung findet, ist es die Stauung und Unterdrückung, die Intensität verleiht.

Sie hatte gewusst, dass Liebe (wie er sie verlangte) für ihren Mann unmöglich war, aber sie hatte geglaubt, dass Wertschätzung und eine gewisse Wertschätzung, die durch seine geschäftlichen Fähigkeiten verstärkt wurde, für sie erreichbar seien. Sie entdeckte nun, dass er nicht der Wahrheit entsprach, dass er keine große Fähigkeit oder klare Auffassungsgabe hatte und dass sein Standard in allem und jedem so niedrig war, wie er nur sein konnte.

Diese Entdeckung war für sie weniger ein Schock als vielmehr eine Entschuldigung dafür, dass sie sich nicht mehr um ihn kümmerte. Ihr Instinkt hatte sie zu einer richtigen Beurteilung seines Charakters geführt; und man hatte von Anfang an das Gefühl, ihn verstanden zu haben, was nicht ohne Befriedigung war.

Das alles kam zu Papier – als kritischer Aufsatz war es bewundernswert, prägnant, prägnant und auf den Punkt gebracht –, aber es war ein schreckliches Bild, wenn man es leidenschaftslos beurteilte, und als Margaret es beendet hatte, legte sie es hastig in ihr Löschbuch; Sie fühlte sich beunruhigt und schuldig, als ihr Mann sie anrief, und beschloss, diese Aufzeichnungen über ihre innersten Überzeugungen zu vernichten. Sie hatte sich vielleicht geirrt, als sie es geschrieben hatte, selbst für ihr eigenes Auge. Dann reisten sie am Abend ab.

Die Reise wurde ohne Rücksicht auf ihren Komfort und ihre Bequemlichkeit beschleunigt, aber Margaret achtete nichts darauf; Der Gedanke, wieder in Graces Reichweite zu sein, unterstützte sie durch Müdigkeit und alles andere.

Sie war sich in Bezug auf ihren Mann durchaus bewusst, dass sie ihn vielleicht beherrscht hätte, wenn sie sich dazu entschieden hätte, ihm zu schmeicheln, und wenn sie sich nur ein wenig hätte herablassen können, aber ihre Prinzipien waren dafür zu hoch, und sie legte Wert darauf, ehrlich zu sein mit ihm zu ihrem eigenen Verlust.

Als sie London erreichten, war es noch früh am Morgen, und zu ihrer großen Überraschung gingen sie in ein kleines und sehr zweitklassiges Hotel in der City, wo alles schäbig und schäbig war.

„Gehen wir nicht nach Hause?" fragte Margaret erstaunt.

Mr. Drayton lachte unbehaglich.

„Die Wahrheit ist, dass es einige Leute in meinem Haus gibt."

„Oh, es ist vermietet", sagte Margaret in einem Ton der Enttäuschung. „Was sollen wir dann tun?"

„Vielleicht nehmen wir eine Unterkunft – sie dürfen nicht weit von hier sein, und dann können wir sehen –" Er drehte sich auf dem Absatz um und verließ sie.

Als sie sich ausgeruht hatte, machte sie sich in einem Taxi auf die Suche nach einer Unterkunft – eine mühsame Aufgabe – und alles, was sie in der Nähe dieses Teils von London sah, war so schäbig und schmutzig, dass sie verzweifelt ins Hotel zurückkehrte. Ihr Mann kam herein und sah so blass und völlig niedergeschlagen aus, dass sie sich nicht vorstellen konnte, was passiert war; aber er würde ihr nichts sagen.

Die Vermieterin, mit der Margaret sprach, schlug einige Zimmer auf dem Land in der Nähe eines Bahnhofs vor.

„Da Sie so viel Wert auf Sauberkeit und frische Luft legen, sollten Sie besser dorthin gehen, Ma'm."

„Es ist nur für kurze Zeit – mein Mann hat seine Wohnung vermietet und kann seine Mieter nicht rausschicken, bevor ihre Zeit abgelaufen ist", sagte Margaret, glücklich unbewusst, was für eine Lüge das war.

Die Zimmer gefielen ihr; und als sie dann ihre Rechnung bezahlten und gingen, erklärte ihr Mann ihr ein wenig, wie die Dinge lagen.

Er warf eine Handvoll Silber auf den Tisch und rief wütend:

„Da! Das ist jeder Penny, den ich auf der Welt habe."

Margaret starrte ihn an – Geldmangel war ihr im Zusammenhang mit ihm noch nie in den Sinn gekommen. Sie verstand ihn jetzt nicht wörtlich, aber sie war erschrocken.

An diesem Abend bat sie ihn, erfreut über die strahlende Sauberkeit des kleinen Häuschens in Chiselhurst, in das sie umgezogen waren, ihr zu sagen, was los sei.

Dann sagte er es ihr.

„Ich habe alles verloren!" er sagte. „Ich habe keinen Schilling der Welt mehr übrig, außer dass das Geld auf dich übergegangen ist. Ich bin ruiniert – ich glaube nicht, dass ich überhaupt etwas zum Leben haben werde", und er legte seinen Kopf auf seine Arme und weinte wie ein Kind .

„Gibt es nichts, was ich tun kann?" stockte Margaret.

"Ja!" er sagte. „Sie können weggehen, Mr. Sandford wird Sie mitnehmen – Sie können gehen. Unser Eheleben war kurz, wenn es nicht sogar ein fröhliches war", sagte er bitter und brach in ein so wildes Lachen aus, dass es fast unmöglich war Margaret verließ den Raum.

Sie schrieb einen langen Brief an Herrn Sandford; Da sie ihn zu gut verstand, um ihn um Hilfe zu bitten, bat sie ihn, zu kommen und sich alles anzusehen.

„Ich weiß ein wenig über die Angelegenheiten meines Mannes Bescheid, sehr wenig, aber was ich weiß, überzeugt mich davon, dass nicht alles so völlig verloren sein kann, wie er denkt; ich glaube, dass er, manchmal übermäßig hocherfreut, gerade jetzt übermäßig deprimiert ist; und Ihr klarer Verstand wird viel aufdecken – außerdem geht es meinem Mann nicht gut.

Diese Einladung folgte Graces plötzlichem Erscheinen in seinem Haus; und Mr. Sandford, der bis zu einem gewissen Grad an Mr. Draytons Sturz beteiligt war, begnügte sich damit, der Aufforderung Folge zu leisten; Es gab mehr als nur Inhalte, es gab vieles, was einer Erklärung bedurfte, und dieser Versuchung konnte er nicht widerstehen.

Er freute sich auch über die Gelegenheit, einen guten Arzt über sich selbst zu befragen. Er war unwohl und gereizt, sogar über seine normale Reizbarkeit hinaus; und fühlte sich krank und völlig unwohl, als Mrs. Dorriman ihn beim Frühstück traf, mit einer Rede, die sorgfältig arrangiert war, um Grace zu helfen und seine Empfindlichkeiten nicht zu verletzen; Sie stellte fest, dass die Frage, ob Grace in seinem Haus bleiben sollte, zu einer Frage von geringer Bedeutung geworden war und dass ihre kleine Rede, wie viele andere auch, nicht erforderlich war.

Er verließ Renton, beruhigt durch Margarets Brief an ihn und voller Vorfreude, sie mit nach Hause zu nehmen. Natürlich würde sie Drayton verlassen, jetzt konnte er sie nicht mehr unterstützen und er sollte sie wieder haben. An Grace erinnerte er sich nie.

Als diese junge Dame am Morgen aufwachte, war sie überrascht, alles so still zu hören, und als sie ihre Glocke läutete, fragte sie Jean, der auf die Glocke antwortete, warum alles so still sei: „Sind alle Körper tot und begraben?" sagte sie lachend.

„Eh! Miss Grace, wir sollten für Sie schweigen; Sie sahen letzte Nacht so krank aus, Mrs. Dorriman und ich haben ‚Whisht!' gesagt. den ganzen Morgen, damit du schlafen kannst. Soll ich dir etwas Tee bringen?

„Wenn Sie so wollen", sagte Grace; Ihr Ton war gleichgültig, aber Jean sah, dass in ihren Augen ein wehmütiger Ausdruck lag.

„Was ist los, mein Kind?" sagte die alte Frau und ihr freundliches Herz erwärmte sich gegenüber dem armen Mädchen, das offensichtlich vor den Toren des Todes schwebte.

„Es ist nichts", sagte Grace mit einem erbärmlichen kleinen Lachen, „aber seit langem hat mir niemand angeboten, etwas für mich zu tun."

Jean verstand es, und als sie den Tee trank, begleitete Mrs. Dorriman sie.

Manche Frauen sind offensichtlich mit einer Begabung für das Stillen ausgestattet, und Mrs. Dorriman war eine dieser Frauen. Grace, schwach und geschwächt, erschöpft von der Reise, dem Mangel an Ruhe und Trost in den letzten Wochen, wurde gepflegt, wie nur wenige gepflegt werden.

Sie war zu schwach, um sich über irgendetwas Gedanken zu machen. Sie fragte nie nach Mr. Sandford und nur einmal nach Margaret. Sie lag dort an dem Ort, den sie so gehasst hatte, und war jetzt dankbar für den Schutz.

Sie ging nur flüchtig auf ihre Erfahrungen während der Zeit ein, als sie Torbreck verlassen hatte und nach London gegangen war, um die Welt zu sehen, und Mrs. Dorriman war zu klug, sie zu befragen.

Herr Sandford schrieb nur einmal, und zwar eine kurze Nachricht an seine Schwester: „Margaret weigert sich, ihren Mann zu verlassen", sagte er, „Sie brauchen also nicht mit ihr zu rechnen."

„Ich hätte nie gedacht, dass sie es tun würde", murmelte Mrs. Dorriman vor sich hin, der es nie in den Sinn gekommen wäre.

In Chislehurst, in dem kleinen Ort, der aus Höflichkeit Villa genannt wurde, musste sich Margaret zunächst mit dem Zorn ihres Mannes auseinandersetzen. Nichts hätte für ihn verhasster sein können als diese Untersuchung seiner Angelegenheiten, die Margaret von Mr. Sandford verlangt hatte, und doch hatte er keinen Grund, dagegen zu sprechen, und es war nur natürlich, dass Mr. Sandford für Margaret handeln sollte.

Graces Rückkehr war eine neue und äußerst schmerzhafte Überraschung für Margaret. Jetzt wurde ihr klar, dass sie sich hätte retten können; Wenn Grace aus freien Stücken Schutz bei Mr. Sandford suchen könnte, wäre sie vielleicht schon vorher dazu gedrängt worden, und so wäre ihr Opfer vielleicht unnötig gewesen oder? wäre gewesen. Doch als sie mit diesem Gedanken fertig wurde, war sie froh, dass ihre Schwester, die immer noch so zart war, bei Mrs. Dorriman war.

In der Zwischenzeit wühlten sich Herr Sandford und sein unwilliger Assistent, Herr Drayton, durch eine Menge Papiere und Konten; und es kamen verschiedene Transaktionen ans Licht, die weder auf Mr. Draytons Fähigkeiten noch auf seine Ehrlichkeit hinwiesen. Einige seiner Taten waren schlecht gewesen, andere waren die Taten eines Verrückten; und waren für Mr. Sandfords kühle schottische Vorsicht und seinen klaren Kopf völlig unverständlich. Er machte jedoch kaum Bemerkungen und verriet seine Gefühle nur dadurch, dass er heimlich und plötzlich seine Hand ballte, als ob es eine Erleichterung wäre, etwas oder jemanden niederzuschlagen.

Es war auch so schwierig, die genaue Wahrheit über irgendetwas herauszufinden; Es gab endlose Memoranden, aber nichts verriet, worum es dabei ging – ob es sich um einen geplanten Kauf handelte oder um einen abgeschlossenen Kauf.

Als alles bekannt war, waren die Dinge besser, als Mr. Drayton zunächst befürchtet hatte, insofern, dass ihm ein paar Hundert im Jahr übrig blieben, aber nur das.

Herr Sandford hatte ein Interview mit Margaret; Er fand, dass sie krank aussah, und er wollte, dass sie mit ihm nach Schottland ging, um Grace zu sehen. Sie verwies auf ihren Mann und fragte ihn, ob es ihm etwas ausmachen würde, wenn sie gehen würde.

„Achten Sie darauf! Wird das eine Rolle spielen?" sagte er knapp.

„Ich möchte gehen, wenn du mich entbehren kannst", sagte sie sanft.

„Ich kann dich entbehren", sagte er sehr grob; „Wenn du gehen willst, ist das völlig ausreichend."

„Ich möchte meine Schwester sehen. Ich werde nicht lange wegbleiben; und während ich weg bin, wirst du nicht etwas arrangieren? Wirst du dein Haus verkaufen – es gefällt dir, ich weiß, und der Garten?"

Sie sprach und wollte ihn aufmuntern. Mr. Sandford hatte ihr gesagt, dass er nicht verpflichtet sei, dieses Anwesen zu verkaufen. Sie verstand nicht ganz, warum ihr Mann weiterhin so niedergeschlagen war und sich in einem so seltsamen Zustand befand, und es ärgerte sie, dass Mr. Sandford ihn in einem so unangenehmen Licht sah.

Nach einiger Diskussion kam man überein, dass er zum Limes gehen und alles für die Rückkehr seiner Frau in Ordnung bringen sollte. Aber als sie sich trennten, bemerkte sie seinen Gesichtsausdruck, und es war ihr so unangenehm, dass sie sich darüber ärgerte, ihn gerade verlassen zu haben.

Dieser Eindruck verließ sie nach einer Weile, sie saß die ganze lange Reise sehr schweigsam da, und Mr. Sandford hatte auf seiner Seite viel zu bedenken.

Als sie in Renton ankamen, befand sich Grace in einem Zustand der Aufregung, der fast schmerzlich anzusehen war. Sie lachte, sie weinte, sie bewegte sich umher, bis Margaret sie überredete, still zu sein und zu Bett zu gehen. Sie fürchtete sich vor allen möglichen Dingen, von denen sie kaum wusste, was; und da sie sich selbst nach Ruhe und Frieden sehnte, war sie sehr dankbar, dass Frau Dorriman ihr ein anderes Zimmer gegeben hatte. Am nächsten Tag stellte sie fest, dass sie mit Mr. Sandford immer noch einen Kampf vor sich hatte.

„Jetzt ist Ihr Mann nicht mehr in der Lage, etwas für Ihre Schwester zu tun“, sagte er, „Sie bleiben hier.“

„Eine Zeit lang bleiben, ja, aber die Verluste meines Mannes werden ihn mehr denn je dazu bringen, mich bei sich zu haben, denke ich. Er wollte nicht, dass ich wegbleibe?“

„Oh! Er will dich schnell genug, aber du kannst nicht so tun, als würdest du dich um ihn kümmern; und jetzt, da er so dumm war, ein riesiges Vermögen zu verschwenden, was könnte dein Ziel sein, zu ihm zurückzukehren?“

„Um meine Pflicht zu tun“, sagte Margaret schlicht.

„Deine Pflicht! Da er sich meiner Meinung nach überhaupt nicht gut benommen hat, bist du nicht verpflichtet, zu ihm zurückzukehren. Hat er sich gut benommen? Ich frage dich ganz offen.“

Margaret beantwortete die Frage nicht.

„Nichts kann mich davon entbinden, das zu tun, was ich für richtig halte.“

Sie sprach sehr leise, und Mr. Sandford sagte zu diesem Zeitpunkt nichts mehr, aber er wiederholte das Thema ständig, und Margaret war es leid, ihre eigenen Ansichten über ihre Position zu wiederholen.

Es war schwer genug, ihn so darauf bedacht zu finden, dass sie blieb, und es war noch schwieriger, die dringenden Angriffe ihrer Schwester abzuwehren.

„Wenn du gehst, werde ich sterben“, sagte Grace eines Tages nach einem langen und ermüdenden Streit, bei dem die arme Margaret versucht hatte, ihr ein höheres Pflichtbewusstsein zu zeigen.

„Warum versuchst du mich so?“ Sagte Margaret ausführlich. „Können Sie die Dinge nie ernst nehmen? Oh, Grace, können Sie sich vorstellen, dass ich ein feierliches Gelübde ablegen und es anschließend auf die leichte Schulter nehmen kann?“

„Aber du kannst nicht so tun, als würdest du diesen Mann *lieben , Margaret?*“

„Darin liegt meine Sünde – und meine Strafe“, antwortete die junge Frau mit zitternden Lippen. „Wir können unsere Zuneigung nicht befehlen – das weiß ich, aber wir können sie kontrollieren, und wir können auf jeden Fall versuchen, in anderen Dingen nicht zu scheitern.“

Grace gefiel der ernste Ton, in dem sie sprach, nicht; Sie hatte sich von der Strapaze ihrer Reise erholt und amüsierte ihre Schwester oft durch ihre Bemühungen, ein Lächeln von Mr. Sandford zu gewinnen. Sie war wie immer rücksichtslos in ihrer Rede, und der einzige Unterschied, den Margaret erkennen konnte, war, dass sie nicht versuchte, ihn zu provozieren; im

Gegenteil, in all ihren Ausfällen lag jetzt eine gewisse subtile, angedeutete Ehrerbietung gegenüber seinen Wünschen, neu und ziemlich gewinnend.

Die gleiche traurige Überlegung kam Margaret oft vor. Als sie sah, dass Grace jetzt so zufrieden war, vergaß sie ihren Kummer angesichts der Aussicht, vor ihr ein solches Zuhause zu haben; und sie musste erkennen, dass sie ihr eigenes Leben aus unzureichenden Gründen ruiniert hatte. Das war so schmerzhaft und die wilden Geister von Grace waren so erschüttert, dass sie nach einigen Tagen ihre Abreise ankündigte.

Erst dann merkte sie, dass Grace an der Idee festhielt, mit ihr zu gehen.

„Warum kann ich nicht mit Ihnen gehen? Sicherlich kann Mr. Drayton nicht so barbarisch sein, uns jetzt zu trennen."

„Ich weiß nicht, welche Vorkehrungen er treffen konnte, Liebes. Zuerst muss ich alleine gehen."

„Wenn du alleine gehst, werde ich dir nie folgen. Ich weiß so gut, was es sein wird."

„Ich werde mein Bestes geben; Sie wissen sicher, dass ich mein Bestes geben werde; Sie wissen, dass es mein sehnlichster Wunsch ist."

„Ja, aber du weißt, mein liebes altes Ding, dass du *nicht* die Fähigkeit hast, Menschen zu führen. Schau dir jetzt den alten Sandford an. Er hat geschworen, nie wieder hier zu leben. Er hat mich, glaube ich, mit dem Fluch belegt und seine arme kleine Schwester hineingeschickt Anfälle, so heftig war seine Sprache, und nach all dem kehre ich zurück. Ich bin kein Heuchler, und ich sage ganz ruhig, dass ich nur gekommen bin, weil ich nirgendwo anders hingehen konnte – und der Löwe wurde; ein Lamm."

„Sie verstehen Mr. Drayton nicht."

„Ist er schlimmer als der alte Bär hier?" und Grace machte ein komisches, bestürztes Gesicht.

Margaret lächelte nicht. Sie zwang sich, Klartext zu sprechen.

„Manchmal ist es schwierig zu wissen, was richtig ist", sagte sie nachdenklich. „Ich könnte nie die Unwahrheit sagen, und manchmal macht es die Dinge nicht glatt, wenn ich die Wahrheit sage. Grace, mein Schatz, ich habe Mr. Drayton geheiratet, um dir ein Zuhause und Trost zu geben, den du so dringend brauchst. Er weiß, dass es *nur* dafür war, und er ärgert sich darüber, und er wird mich dich *niemals haben lassen, niemals.*"

Sie schluchzte und weinte nicht.

Grace starrte sie verblüfft und erstaunt an.

„Du willst nicht sagen, dass du ihn das herausfinden lässt?"

„Nein, ich habe es ihm gesagt. Ich habe es ihm gesagt, bevor ich ihn geheiratet habe. Wie könnte ich lügen?"

„Und er hat dich nach dieser offenen Erklärung geheiratet und dreht sich jetzt zu dir um! Was für ein Mann!" und Grace, die selbst kaum mit Männern vertraut war, blickte äußerst verächtlich drein. „Nun, meine liebe Margarete, ich werde nicht mit dir gehen, aber ich werde dir folgen."

„Aber Grace, Liebling –"

„Aber Margaret, Liebling. Ich werde kein einziges Wort hören. Ich werde meine eigene Zeit wählen und auf meine eigene Weise ankommen – aber gehen werde ich."

Sie lachte über Margarets Skrupel und drehte das Thema um.

Grace war so fröhlich und aufgeweckt, so überströmend vor guter Laune, dass alle Bewohner von Renton Place überrascht waren, mit Ausnahme von Jean, der auf Mrs. Dorrimans zufriedenen Ausdruck mit einem kurzen Satz antwortete:

„Milch brodelt, bevor sie kocht."

Und Frau Dorriman wurde wütend und beschuldigte ihre treue alte Dienerin des Vorurteils und des Aberglaubens, worauf Jean nicht die geringste Antwort gab.

Margaret war ein wenig unruhig; Ihre Erfahrung mit Graces Eigensinn ließ sie einen Schritt fürchten, der keinem von beiden glücklich machen würde. Aber sie hörte nichts mehr von ihrem geplanten Besuch, und nach und nach begann sie zu hoffen, dass es nur eine wilde Art zu reden gewesen war.

Eine große Veränderung wurde durch die Zartheit ihrer Schwester herbeigeführt. Als Mr. Sandford eines Tages mit dem Arzt über sich selbst sprach – Grace weigerte sich, dort einen Arzt aufzusuchen –, spielte er darauf an, dass die älteste Miss Rivers empfindlich sei.

„Wir können sie nie dazu bringen, auszugehen; sie sagt, es ermüdet sie; sie war immer träge."

„Oder empfindlich", sagte der Arzt; „Sie sollte sich nicht ermüden; du solltest sie zum Fahren schicken."

„Ausfahren! Warum es keine Kutsche gibt."

„Es gibt keinen Grund, warum es das nicht geben sollte", sagte der Arzt freundlich.

Mr. Sandford war von der neuen Idee ziemlich begeistert, und noch bevor viele Tage verstrichen waren, teilte man Grace mit, dass sie hinausgehen sollte und dass eine Kutsche zu ihren Diensten stünde.

Die schroffe Art, mit der Mr. Sandford diese Tatsache verkündete, hinderte sie nicht daran, die wahre Freundlichkeit zu erkennen, und sie dankte ihm, während Tränen in ihren Augen glitzerten und sie einen Scherz auf den Lippen hatte.

Margaret sah, wie sie unter dem Einfluss der frischen Luft wieder auflebte. Sie hatte ihre Reise mehr als einmal verschoben, sehr gegen ihren eigenen Willen und nur Graces dringenden Gebeten nachgegeben. Schließlich verließ sie Renton mit schwerem Herzen für ihre Schwester. Sie hatte eine zu große Zuneigung, um nicht zu erkennen, dass die Aufregung und das fröhliche Benehmen in Wirklichkeit allesamt Teil ihrer Krankheit waren; sie fürchtete das Schlimmste; Jedes Mal, wenn sie versuchte, ernsthaft mit ihr zu reden, lachte Grace sie entweder höhnisch aus oder weinte, bis sie krank wurde und nichts Gutes geschah.

Als sie nach Süden ging, versuchte sie, sich den Pflichten zu stellen, die sie erwarteten – sich nur daran zu erinnern, dass ihr Mann ihr Ehemann war.

Es war spät und dunkel, als sie in London ankam, und als sie in Wandsworth ankam, versuchte sie vergeblich, ihre Umgebung zu erkennen. Sie konnte nichts außer den Laternenpfählen sehen; und das spärliche Licht, das die Lampen gaben und die sich über eine so kleine Entfernung erstreckten, trug dazu bei, die Düsternis zwischen ihnen noch dunkler zu machen.

Endlich erreichte sie den Limes, der so genannt wurde, weil auf beiden Seiten des Tores ein paar gefällte Linden Wache hielten.

Niemand war an der Tür, um sie zu empfangen. Schließlich traf eine unordentlich aussehende Frau ein – schien überrascht zu sein, sie zu sehen – und wartete mit sichtbarer Ungeduld, während sie den Taxifahrer bezahlte, das dünne Gepäck hereinschleppte, das Tor zuknallte und der jungen Mrs. Drayton den Weg über einen gepflasterten Fußweg zwischen einigen vereinzelten Lorbeerbäumen zeigte , und in eine freudlose, unmöblierte kleine Steinhalle.

„Ist Mr. Drayton hier? Hat er mich nicht erwartet?“ fragte die arme junge Frau, ihr Herz sank in ihr.

„Oh! Mr. Drayton ist hier. Er hat nichts davon gesagt, dass Sie erwartet werden.“

Sie öffnete eine Tür und ihr Mann saß vor einem mit Papieren übersäten Tisch, das Gesicht in den Händen vergraben.

Er sah sie mit einem leeren Lächeln an – er kannte sie nicht.

Er war schrecklich anzusehen, so ungepflegt und so verwahrlost. Er muss krank sein, sehr krank!

Das Feuer war gelöscht und der Raum weder staubig noch gefegt, ein unangenehmer Geruch, den sie nicht kannte, erfüllte den Raum.

Sie überredete ihn, sich auf das Sofa zu legen; sie hat das Feuer angezündet; Sie öffnete das Fenster, stellte den Kessel für heißes Wasser auf und schrieb einen Zettel, den sie von der Frau an den nächsten Arzt schickte.

Er kam und blickte auf die liegende Gestalt herab.

„Ist er sehr krank?" fragte Margaret besorgt.

„Nein, meine Dame", antwortete er mit einem seltsamen Gesichtsausdruck, „er ist nur sehr betrunken."

KAPITEL VI.

Margaret starrte den Arzt, der ihr diese entsetzliche Tatsache so ruhig mitteilte, mit weit geöffneten Augen und bleichem Gesicht an.

Da er ihre Geschichte nicht kannte, war er verblüfft, ein so junges Geschöpf in einer solchen Lage zu finden, und er sagte, durch ihr ganzes Auftreten und Verhalten zum Respekt getrieben: „Das sind Neuigkeiten, und zwar sehr unwillkommene Neuigkeiten für Sie?"

„Dieser Moment ist gekommen, nachdem ich in Schottland meine Schwester gepflegt habe", sagte sie hastig. „Mein Mann war allein ... Alles ist sehr elend; können Sie mir sagen, wo ich von einer Krankenschwester, nehme ich an, und – Dienern gehört habe?"

„Sie müssen einen Krankenpfleger haben", sagte er.

„Ich werde dir einen Diener schicken, den ich kenne, und morgen wird alles besser sein." Er blieb eine Weile bei ihr, völlig versunken in Erstaunen über ihre Schönheit, ihre Anmut und den außergewöhnlichen Kontrast zwischen ihr und dem Mann, den sie ihren Ehemann nannte.

„Ich werde Angst haben – heute Nacht. Er könnte krank sein."

„Oh, du darfst nicht mit ihm allein gelassen werden", antwortete er und sagte dann, als er ihre Müdigkeit und Blässe bemerkte: „Wenn du gehen und etwas Erfrischung zu dir nehmen willst, kann ich hier warten, und wenn ich gehe, werde ich dich schicken." jemand."

Sie dankte ihm und ging, um zu sehen, ob es ein Zimmer gab, das sie in Besitz nehmen konnte. Zu ihrer Erleichterung waren die Räume im Obergeschoss alle möbliert; und nachdem sie ihr Gesicht gebadet und sich ein wenig erfrischt hatte, ging sie wieder die Treppe hinunter.

„Ich kann Ihnen sagen, dass ich selbst davon überzeugt bin, dass dieses schreckliche Geschäft keine Gewohnheit ist", sagte die Ärztin, als sie eintrat. „Herr –" blickte sie auf der Suche nach dem Namen an, den sie nannte, „hat keinerlei Anzeichen eines gewöhnlichen Trinkers. Er hatte jetzt etwas, das eine schreckliche Wirkung auf ihn hatte; wenn diese Wirkung vorüber ist, wird er es vielleicht tun." Niemals einen Rückfall erleiden. Natürlich spreche ich aus unvollkommenem Wissen, aber ich denke, ich habe recht.

Die arme Margaret konnte ihm nicht antworten. Sie sah ihn mit einem Gefühl gehen, das der Verzweiflung ähnelte. Sie saß da und blickte auf das Feuer und dann auf den Mann, den sie zu ehren und zu gehorchen geschworen hatte.

Sie erhob sich hastig von ihrem Sitz und stürzte zum offenen Fenster, erstickt vor Schmerz und Schrecken. Sollte dies ihr Leben sein?

Sie hatte gesündigt, und das war ihre Strafe; und sie war so jung, so sehr jung. Sie hatte vielleicht noch ein langes Leben vor sich. Wie sie vor dieser Aussicht zurückschreckte und vor einer anderen, die ihr damals gegenüberstand. Tränen kamen; und sie kniete vor dem Fenster und ließ sie fallen. Nie war ein Mädchen elender , nie war es verlassener als dieses arme Kind; hilflos, lieblich und mit vielen Gaben ausgestattet, deren sie sich noch nicht bewusst war.

Sie wurde durch den Schritt eines Mannes auf dem Bürgersteig, der zum Haus führte, aufgeschreckt. Sie hatte ihn nicht klingeln gehört, aber er trat ein; ein strenger, ernster Mann mit Augen, die es gewohnt sind, den schwachen Willen anderer zu kontrollieren, der es gewohnt ist, Szenen zu sehen, die weitaus schlimmer sind als diese – weitaus schrecklicher.

Er bat darum, Mr. Draytons Schlafzimmer gezeigt zu bekommen, und wandte sich dann an Mrs. Drayton, die still dastand und zusah: „Sie können ohne Angst schlafen, Madam", sagte er respektvoll; „Ich werde mich um diesen armen Herrn kümmern." Und Margaret dankte ihm und floh in ihr eigenes Zimmer, wo sie sich einschloss, abwechselnd weinte und betete und schließlich schlief.

Die Sonne schien am nächsten Tag hell in ihr Zimmer, als sie ihre müden Augen öffnete, im trüben Bewusstsein einer schweren Prüfung, die sie erwartete.

Sie klingelte und ließ ihr Frühstück (so wie es war) und ihr Gepäck nach oben bringen.

Der Limes war ein hübscher Ort – groß für eine Vorstadtvilla. Dahinter gab es einen weitläufigen Rasen und Blumenbeete; Aber jenseits des Gebüschs und rund um den Platz befand sich eine hohe Ziegelmauer, auf deren Oberseite sich trotz der Höhe, die eine solche Möglichkeit auszuschließen schien, eine Menge Glasscherben befanden, um Eindringlinge fernzuhalten. Diese Mauer zerstörte Margarets ganzes Glück, sie dachte, sie ließe den Ort wie ein Gefängnis erscheinen.

Sie zog sich an, ging nach unten und wurde von dem Mann empfangen, der am Abend zuvor gekommen war. Mr. Drayton gehe es besser, aber es sei klüger, ihn jetzt noch nicht zu sehen, sagte er bestimmt, aber respektvoll; und die arme Margaret hatte Angst, er könnte an ihrem Gesicht zu deutlich sehen, dass dieses Verbot eine Erleichterung war.

Als der Arzt anrief, was er bald tat, erzählte er ihr, dass er von seiner Frau gebeten worden sei, zu sagen, dass sie gerne behilflich sei und Dienstboten empfehlen könne; und den ganzen Tag sei sie damit beschäftigt, sie zu sehen und die Dinge ein wenig zu regeln.

Nach ein paar Tagen betrat ihr Mann das Esszimmer; begrüßte sie lachend, als wäre sie gerade erst zurückgekehrt; und es ging ihm offenbar so gut wie immer.

Aber sie bemerkte, dass der Diener, der die erste Person ersetzt hatte, ihm keine Beachtung schenkte, als er nach Wein rief, und dass er ihn von der Anrichte mit einer schwachen Verdünnung versorgte.

Die Tage vergingen in monotoner Regelmäßigkeit, und Margarets Glück bestand darin, ihren Mann nicht zu sehen; ihr Elend, als sie es tat. Sie besorgte sich Bücher, las und züchtete ihre Blumen; und versuchte, sich mit ihrem Leben abzufinden . Aber es war ihrer leidenschaftlichen und leidenschaftlichen Natur unmöglich, sich zu ergeben. Obwohl sie sich selbst dieses Joch auferlegen ließ, war ihre Angst nicht geringer.

Sie quälte sich oft mit der Frage, ob die Liebe diese schreckliche Erfahrung überlebt hätte; sicherlich hätte die aufrichtigste Liebe ihren Todesstoß erhalten.

Es waren einige Monate vergangen, als Margaret eine Zeit durchlebte, in der der Tod sehr nahe schien, und sie ihr Baby in den Armen hielt. Darauf hatte sie nicht gerade glücklich gewartet, aber als es soweit war, erwachte in ihrem Wesen die ganze Mutterschaft; Ihre ganze Liebe floss, aufgestaut und ohne Ausweg in eine andere Richtung, zu diesem hilflosen und schwachen Geschöpf. Sie überschüttete es mit endlosen Zärtlichkeiten; sie lebte dafür; sie verehrte es.

Ihre Briefe an Grace, so spärlich und ohne jede Information, waren jetzt voll von ihrem Kind, seinen Fortschritten und seiner wunderbaren Intelligenz.

Mr. Drayton zeigte in diesem Zusammenhang kein anderes Gefühl als Eifersucht; aber Margaret hatte nichts dagegen. Es schlief in ihrem Zimmer und sie widmete sich ihm.

Bis zu diesem Zeitpunkt hatte Mr. Drayton ihr nie wieder Anlass gegeben, ihn zu fürchten.

Sogar der erfahrene Diener erklärte, er sei besser als jeder andere, und er nahm seine gewohnten Beschäftigungen wieder auf.

Eines Nachts war Margaret mit ihrem Kind oben – spät.

Es hatte ein Gewitter gegeben, und der Donner grollte noch immer in der Ferne. Es regnete, und als Margaret bei ihrem Kleinen saß, empfand sie in einer so stürmischen Nacht nur natürliches Mitleid mit den Wanderern.

Wie es strömte und wie dunkel die Nacht war! Sie schloss die Fensterläden, weil sie befürchtete, der Schlaf des Babys könnte durch das laute Plätschern des Regens auf dem unteren Dach eines Nebengebäudes gestört werden, und nahm gerade ihr Buch wieder auf, als ihr Mann das Zimmer betrat, vollkommen wild dreinschauend, mit einer Zeitung darin seine Hand. Mit großer Mühe brachte sie ihn dazu, mit ihr nach unten zu gehen, und rief ihre Krankenschwester, damit sie zu dem Kind gehen könne.

Vorsichtig und als sie sah, wie furchtbar aufgeregt er war, setzte sie sich neben die Glocke und versuchte, ruhig mit ihm zu sprechen.

Doch sie erschrak, als sie sah, dass es sich bei dem Papier, das er in der Hand hielt, um eine in Deutschland geschriebene Niederschrift ihrer Meinung über seinen Charakter handelte – die sie hatte zerstören wollen, aber längst vergessen hatte.

„Also, Madam", sagte ihr Mann wütend, „das ist Ihre ehrliche Meinung über mich." Er sprach in einem Ton konzentrierter Wut.

„Es wurde vor langer Zeit geschrieben", stockte Margaret.

„Oh, es wurde vor langer Zeit geschrieben. Nun, jetzt weiß ich deine Meinung über mich. Ich werde mein Verhalten dir gegenüber ändern – du Schleicher …"

Er kam auf sie zu. Erschrocken klingelte Margaret, und zu ihrer Überraschung wiederholte sich das Geräusch draußen. Im Saal herrschte Aufregung. Bevor sie etwas sagen konnte, betrat Grace, nass, müde, aber mit ihrer gewohnten Lässigkeit, den Raum.

Bevor die Schwestern sich umarmen konnten, stürzte Mr. Drayton wütend zwischen ihnen hindurch. Der Anblick von Grace, die er hasste, brachte ihn in Raserei, und der Diener bat sie, zu gehen, während er sein Möglichstes tat, um ihn zurückzuhalten.

„Ja, du solltest besser gehen, Liebling", schluchzte Margaret.

„Aber du wirst nicht hier bleiben, du wirst auch kommen", flehte Grace keuchend.

„Oh, Grace, mein Kind! Ich kann es nicht zurücklassen – ich kann es nicht riskieren, es zu bewegen."

Sie schrieb die Adresse des Arztes mit Bleistift auf, sah ihre Schwester gehen und beschloss, sie am nächsten Morgen aufzusuchen.

„Der Arzt wird dir helfen, Grace, und wenn du ein paar schöne Zimmer bekommst, werde ich das für dich erledigen."

Sie sah die gebrechliche Gestalt im Taxi und schickte, beeindruckt von der Verzweiflung ihrer Abreise, einen Diener mit. Dann ging sie die Treppe hinauf und verschloss sorgfältig die Tür, um dieser neuen und schrecklichen Komplikation zu begegnen.

Was sollte sie tun?

Zum ersten Mal hatte sie jetzt wirklich Angst. Der Gesichtsausdruck ihres Mannes war so voller Bosheit gewesen. Wie konnte sie so weiterleben?

Sie dachte lange und gründlich darüber nach und beschloss, dass sie am nächsten Tag ihr Baby zu Grace bringen würde, es bei ihr lassen und einen klugen Anwalt konsultieren würde, was für sie möglich sei. In ihrer Unwissenheit und Unerfahrenheit dachte sie, dass die Tatsache, dass er trank, sie befreien würde. Sie musste noch viel lernen.

Am nächsten Tag verließ Mr. Drayton sein Zimmer nicht, und der diskrete Diener riet ihr, sich zu beeilen und zu gehen, bevor er aufstand.

„Er war sehr lästig und gewalttätig", sagte er, „und du solltest ihn besser nicht sehen. Er wendet sich gerade gegen dich, und wie er überhaupt etwas bekommen hat, ist mir völlig unverständlich. Ich habe ihn wie eine Katze beobachtet."

Bald darauf machte sich Margaret mit ihrer Amme und ihrem Baby auf den Weg, um Grace zu besuchen, und zu ihrem großen Ärger fand sie sie nicht allein. Paul Lyons war da, voller Mitgefühl, aber sein Mitgefühl wurde mit sehr wenig Fingerspitzengefühl ausgedrückt; und obwohl er sich wünschte, ein echter Freund zu sein – und sich sogar danach sehnte, diese Position zu bekleiden –, verletzte er Margarets Stolz durch die Art und Weise, wie er sich erlaubte, mit ihr über ihren Ehemann zu sprechen.

Sie hielt jedoch an ihrem Standpunkt fest und fuhr mit dem Zug nach London, wo sie zu einem Anwalt ging, von dem sie gehört hatte, da sie selbst niemanden kannte. Ihr Besuch dort brachte ihr keinen Trost.

Herr Spratt war ein vielbeschäftigter Mann und betrachtete alle weiblichen Klienten im Lichte der Hindernisse. Dieser war sehr hübsch, aber trotzdem ein Obstruktionstyp.

„Wie kann ich Ihnen dienen, Madam?" waren seine ersten Worte, und Margaret wusste nicht so recht, wie sie ihren Standpunkt darlegen sollte.

Sie sah ihn einige Augenblicke lang an, und seine Geduld begann, nicht ganz unnatürlich, nachzulassen. Er trug eine blaue Brille, ein Umstand, der dazu führte, dass jeder auf die gleiche Farbe wie sein Teint reduziert wurde, was gleichzeitig ein Nachteil und ein Schutz war. Seine offensichtliche Ungeduld drängte ihn zum Sprechen und sie fragte ihn mit zitternder Stimme: „Wenn ein Mann trinkt, kann eine Frau ihn dann verlassen?"

„Im gegenseitigen Einvernehmen. Wenn er sie misshandelt, kann sie das vielleicht tun – nach Absprache. Madam", sagte er und wurde ein wenig – ganz leicht – durch den sanften, flehenden Tonfall ihrer Stimme sanfter, „alles, was Sie mir sagen, ist vertraulich …" Nennen Sie Ihren eigenen und keinen abstrakten Fall. Trinkt Ihr Mann?

„Ja", sagte die arme Margaret.

„Behandelt er dich, wenn er betrunken ist?"

„Nein", sagte das arme Kind zitternd, „er – er macht mir Angst."

„Ah! Sehen Sie, das Gesetz erkennt Grausamkeit und noch etwas anderes als Grund für eine rechtliche Trennung oder sogar eine Scheidung an, aber die Tatsache, dass ein Mann ein Trunkenbold ist, wird nicht berücksichtigt."

„Nicht berücksichtigt?" sagte Margaret und wiederholte seine Worte in größter Überraschung.

„Nein. So wenig sagt diese Tatsache – eine sehr schreckliche Tatsache – gegen einen Mann in den Augen des Gesetzes aus, dass, obwohl Sie zu jung sind, um Kinder zu haben, *vorausgesetzt*, Sie hätten Kinder und dass Sie den Vater verlassen haben, das Gesetz Er gibt die Kinder ihm und nicht dir – sie bleiben bei ihm, sie gehen nicht mit dir."

"Gott hilf mir!" sie murmelte inbrünstig, ihr Herz blieb angesichts des großen Schocks dieser Ankündigung stehen. Und wenn sie ihn verlassen hätte, wie sie einmal gedacht hatte, wäre ihr ihr Baby vielleicht vorenthalten worden.

„Dann kannst du mir nicht helfen!"

„Ich fürchte nicht", sagte er nicht unfreundlich; „Das Gesetz bezüglich der Rechte der Mütter ist ein wenig einseitig – ein wenig ungerecht, das gebe ich zu, aber solange sie nicht geändert werden –"

„Auf Wiedersehen", sagte Margaret, jetzt von einer Art Angst erfasst, dass ihrem Kind während ihrer Abwesenheit etwas passiert sein könnte – sie fühlte sich so weit davon entfernt, dass sie sich beeilen musste.

„Auf Wiedersehen, gnädige Frau", sagte der alte Anwalt, als er jemanden vor sich sah, der in seiner Erfahrung ungewöhnlich war. „Wenn Ihr Mann Sie jemals schlägt, könnten wir einen Fall haben."

„Und mein Baby!"

„Meine Güte – ein Baby! Du hast ein Kleinkind? Du siehst so sehr jung aus“, sagte er in einem entschuldigenden Ton. „Ah, nun ja, sehen Sie, auf diese Frage brauchen wir jetzt nicht näher einzugehen.“

Völlig erschöpft ging sie die Treppe hinunter. Sie hatte immer daran geglaubt, dass sie gehen könnte, wenn es ganz schlimm käme. Sie hatte eine Art blinden Glauben gehabt, dass die Gesetze ihres Landes – deren so oft gerühmt wurde und die das Ergebnis so viel Intelligenz und Könnens waren – dazu da waren, auf sie zurückzugreifen und sie zu beschützen.

Sie blieb stehen, um Luft zu holen und sich für einen Moment zu sammeln, und sie entfernte sich gerade von der Tür, als jemand in einer Kutsche vorbeikam – im nächsten Moment hielt er an, sprang heraus und entließ den Kutscher. Dann war er neben ihr, und im Moment ihres tiefsten Kummers stand Sir Albert Gerald neben ihr.

Sie fühlte sich völlig elend, zu niedergeschlagen, um überrascht zu sein. Er sah, dass man mit ihr nicht sprechen konnte, dass sie einen großen Schock erlitten hatte, und versuchte schnell zu überlegen, was das Beste für sie war.

„Ich möchte zu meiner Schwester zurückkehren“, sagte sie schließlich mit leiser Stimme. „Wirst du mich dorthin bringen?“

Er rief ein Taxi, setzte sie hinein, stieg ein und sagte dem Mann, er solle zum Bahnhof fahren.

Was hatte das alles zu bedeuten? Sie sagte, ihre Schwester, nicht ihr Ehemann. Hatte sie ihren Mann verlassen? Er sehnte sich danach, alles zu wissen, und doch konnte er sie nichts fragen.

„Du weißt, dass du dich auf meine Freundschaft verlassen kannst“, sagte er ernst zu ihr, und die Freundlichkeit seines Tons, die Fürsorge, die er ihr entgegenbrachte, alles kontrastierte mit dem Elend ihres Zuhauses, und sie lehnte sich mit großer Freude im Eisenbahnwaggon zurück Tränen rollten unbewusst über ihr Gesicht. Er brachte sie sicher zur Tür ihrer Schwester und ließ sie dort zurück. Er war bestrebt, ihre Schwierigkeiten nicht zu vergrößern, war aber entschlossen, zur Stelle zu sein, falls sie Hilfe brauchte.

„Hier ist meine Adresse“, sagte er, als er sie ihr gab. „Ich bin jederzeit bereit, Ihnen zu dienen, und ich vertraue und hoffe, dass Sie mir diese eine Sache, die mir noch bleibt, nicht verweigern werden – lassen Sie mich für Sie von Nutzen sein.“

„Danke“, sagte Margaret dankbar. „Wenn ich jemanden um Hilfe bitte, werde ich zu Ihnen gehen.“ Und als sie ihn verließ, traf sein Lächeln voller Selbstvertrauen sein Herz.

Grace konnte die wilde Verzückung ihrer Schwester nicht verstehen, als sie ihr Baby erneut in den Armen hielt. „Ich hätte dich fast verloren, oh mein Schatz!" sie hörte ihr Murmeln und überschüttete es mit Zärtlichkeiten; und sie schien nichts zu hören, nichts zu sehen außer es.

„Ein rundes, pausbäckiges Baby, das sich durch nichts Besonderes von anderen Babys unterscheidet", drückte Grace es aus.

Margaret hatte einen so schweren Schock erlitten, dass sie weder erfreut noch unzufrieden war, als Mr. Lyons wieder auftauchte, bereit und begierig, zum Limes zu gehen, um ihr Zuhause zu besichtigen und zu versuchen, die Erlaubnis zu bekommen, sie besuchen zu dürfen.

Als sie sich jedoch dem Ort näherten, stand Mr. Drayton (mit seinem Diener) auf der Treppe und hielt Ausschau nach seiner Frau.

Er hatte schreckliche Angst, dass sie gegangen war, und jetzt, da er wieder er selbst war, konnte er sich nicht erinnern, was passiert war. Sein Diener konnte oder wollte ihn an nichts erinnern, und das unbestimmte Gefühl der Angst, etwas schrecklich Gewalttätiges gesagt oder getan zu haben, erfüllte ihn mit Angst. Aber all diese Reuegefühle wurden verflogen, als er Mr. Paul Lyons als ihren Begleiter sah, die Krankenschwester und das Baby bildeten die Nachhut.

Sie drehte sich abrupt um, als sie auf ihn zukam, und als er das schwere Tor hinter der kleinen Gruppe, die eintrat, zuschlug, durchfuhr die arme Margaret ein Schauder der Angst.

Es kam ihr vor, als hätte sich eine Gefängnistür vor ihr geschlossen.

Ach! Hätte sie nach vorn blicken und die wahre Zukunft vor sich sehen können? Wie viel, viel tiefer war ihr Kummer gewesen – wie qualvoll waren ihre Gefühle!

Sie ging mit ihrem Baby nach oben. Sie hatte gesehen, wie ihr Mann die Treppe hinunter in sein Wohnzimmer ging, und blieb, bis das Abendessen fertig war, dann traf sie ihn.

Während des Abendessens war er schweigsam und mürrisch, und sie versuchte vergeblich, ihn zum Reden zu bringen.

Es war eine trostlose Mahlzeit. Margaret war müde von ihren ungewohnten Anstrengungen und furchtbar deprimiert von den Nachrichten, die sie gehört hatte, und Mr. Drayton war eifersüchtig und elend und voller rachsüchtiger Rachepläne, und die schriftliche Meinung seiner Frau über ihn wühlte in seinem Herzen.

Am nächsten Tag traten neue Komplikationen auf. Grace schickte ihrer Schwester eine Nachricht, in der sie sie fragte, ob sie für die Pflegerin und verschiedene Luxusgüter aufkommen könne, die sie gehabt hatte. „Ich glaube nicht, dass ich dir erzählt habe, dass ich einen heftigen Streit mit dem alten Sandford hatte, als ich ihn verließ, also kann ich ihn natürlich nicht um Geld bitten. Schicken Sie es mir bitte heute?"

Margaret hatte den wenigen Betrag, den sie hatte, für ihre gestrige Expedition ausgegeben; aber sie dachte, obwohl ihr Mann ihre Schwester nicht im Haus haben wollte, würde es ihm nichts ausmachen, ihr zu helfen. Er war großzügig genug gewesen, als sie in Torbreck waren.

„Gibst du mir bitte einen Scheck?" sagte sie zu ihm, als sie sich trafen.

"Wozu?"

„Ich möchte ein paar Dinge für meine Schwester bezahlen. Du wirst ihr nicht erlauben, hierher zu kommen. Ihr geht es nicht gut genug, um nach Schottland zurückzukehren. Sie will das Geld."

"Macht sie?" er sagte. „Dann will sie es vielleicht! Nicht einen einzigen Heller von meinem Geld soll sie haben, das schwöre ich!" und er schlug mit der Hand heftig auf den Tisch.

"Was soll ich tun?" fragte seine Frau in einem verzweifelten Ton.

„Was kümmert es mich? Ich ernähre und kleide dich, weil du meine Frau bist. Ich habe es dir schon vorher gesagt, dass ich deine Schwester nicht geheiratet habe, und ich werde nichts mit ihr zu tun haben."

„Dann muss ich sie besuchen und etwas für sie arrangieren", sagte Margaret und wandte sich ab.

„Nicht so schnell", sagte er, während ein Lachen durch den Raum hallte, das sie erneut erschaudern ließ. „Du gehst nicht wieder ohne *mich aus*. Ich kann dir sagen, ich werde nicht mehr zulassen, dass ein elender Kerl mit meiner Frau herumläuft – nein, nein!"

Eine Sekunde lang errötete sie ein wenig, weil sie befürchtete, Sir Alberts Eskorte könnte ihm bekannt gewesen sein – an sich so unschuldig, aber vielleicht hielt sie es jetzt für unvorsichtig –, und er bemerkte es, und es verstärkte seine Wut.

„Mr. Lyons wird nie wieder das Vergnügen haben, Sie zu begleiten", sagte er. „Ich werde mich darum kümmern. Darby und Joan – Darby und Joan!" und ein weiteres wildes Gelächter ertönte.

Margaret überließ es ihm, über ihren nächsten Schritt nachzudenken und Grace ein paar Zeilen zu schicken, um ihr Nichterscheinen zu erklären. Sie beschloss, an Frau Dorriman zu schreiben und ihr etwas über ihre traurige Lage mitzuteilen. Die ganze Wahrheit konnte sie nicht niederlegen.

Aber die Zeit verging; Sie erhielt weder einen Brief von Grace noch von Mrs. Dorriman. Ihr Mann schien die ganze Zeit damit zu verbringen, sie zu beobachten, und wenn sie versuchte hinauszugehen, war er neben ihr. Sie appellierte an den Diener, aber er sagte ihr, er sei nur da, um dafür zu sorgen, dass ihr Mann nicht allein ausginge und nicht trank, aus keinem anderen Grund; dass er sich nicht einmischen konnte. „Ich kann Ihnen nicht helfen und Sie unterstützen, Madam", sagte er; „ *Vielleicht* ist es deine Schwester, vielleicht auch nicht, und wenn etwas dabei herauskommt, wird es für *mich nicht gut aussehen* ."

Margarets empörtes junges Gesicht unterdrückte ihn und er blieb abrupt stehen.

Sie war völlig hilflos. Sie konnte auf dem Gelände umherwandern und kaum etwas von ihrem Mann sehen. Sie könnte Stunden mit ihrem Kind verbringen, aber sie könnte nie ausgehen. Sie hatte das Gefühl, dass dies tatsächlich ein Gefängnis war und sie eine Gefangene!

Sie hatte nicht einmal den Trost zu wissen, dass Grace ihre Briefe erhalten hatte, da sie keine Antwort erhielt; Dann fürchtete sie, dass Grace in ihrem Brief etwas über Mr. Drayton schreiben und sagen könnte.

Sie war völlig unglücklich über sie; Ihre Amme war eine schüchterne Frau, und sie hatte eine Abfuhr erhalten; sie hatte Angst, ihre Haltung ihr gegenüber zu ändern, und überhaupt wusste das arme Ding nicht, was es tun sollte.

Sie stand in der Nähe der Haustür und sah zu, wie ihr Baby in den Garten ging, als die Haustürklingel so heftig klingelte, dass sie zusammenzuckte. Bevor es geöffnet werden konnte, musste der Schlüssel von Herrn Drayton besorgt werden. Als die Frage beantwortet wurde, wartete Margaret, die aus Neugier ein wenig innegehalten hatte, darauf, wer an diesen traurigen und verlassenen Ort kommen könnte.

Zu ihrem Erstaunen sah sie Sir Albert Gerald. Er sah sie, und bevor irgendein konventionelles Dementi erfolgen konnte, sprang er vor und begrüßte sie freudig.

Sie war so überwältigt von Freude, als nun ein freundliches Gesicht erschien, dass sie alles vergaß, als sie jemanden vor sich sah, der sie zu ihrer Schwester holen würde. Sie klammerte sich an seine Hand und führte ihn ins Wohnzimmer, wo ihr Mann sie mit wütenden Augen beobachtete.

Aber er sagte nichts; Er stand auf und reichte seine Hand, und eine neue Angst überfiel Margaret. Wenn Mr. Drayton sich so beherrschen konnte, war da nicht List vorhanden? Sie wusste, dass er trank. Jetzt fürchtete sie, er sei verrückt. Eine Erinnerung an ihren ersten Instinkt gegen ihn kam ihr in den

Sinn und sie bedeckte ihr Gesicht mit ihren Händen. Sie konnte Sir Albert kein Wort sagen, ohne dass er es hörte, und sie war ihm so dankbar, dass er Mr. Drayton im Gespräch hielt; es gab ihr Zeit zum Nachdenken.

Dann sprach sie unvermittelt von ihrer Schwester und flehte ihn an, sie zu besuchen und ihr zu sagen, wie es ihr ginge. „Du bist eine Freundin", sagte sie; „Sie werden sehen, ob Sie ihr helfen können. Ich kann sie jetzt nicht besuchen, so sehr ich mich auch danach sehne!"

Tränen traten ihr in die Augen; er war schockiert und hatte Angst um sie. In Mr. Draytons Gesichtsausdruck lag etwas Unheimliches.

Er blieb so lange er konnte und ging dann mit dem Versprechen, zurückzukehren; und er ließ Margaret glücklicher zurück, weil er versprochen hatte, ihre Schwester zu sehen.

Nachdem Sir Albert gegangen war, begann Mr. Drayton unruhig im Zimmer umherzulaufen und kam plötzlich ganz nah an seine Frau heran; Als er sie mit einem boshaften Lächeln ansah, sagte er: „ Solange ich lebe, sollst du *nie mit einem anderen Mann sprechen!*" Margaret antwortete nicht, sondern klingelte und ließ ihn vor sich hinmurmelnd Rache an ihr und ihrem Besucher murmeln.

Sir Albert ging unterdessen zu Graces Unterkunft und stellte fest, dass sie krank und nervös war und sich große Sorgen um die arme Margaret machte. Sie hatte keinen Komfort und keine angemessene Betreuung; Als er sah, wie sehr es ihr schlecht ging, und die arme Margaret im Kopf hatte, telegrafierte er an Mrs. Dorriman und bat sie, keine Zeit zu verlieren, sondern nach Süden zu kommen.

Am nächsten Tag besuchte er Grace und fand sie in einer ihrer aufgeregtesten Stimmungen, mit funkelnden Augen und strahlender Farbe.

In einem Moment machte sie sich über alles lustig, im nächsten beschäftigte sie sich mit ihrer eigenen Geschichte.

Sie war voller Reue gegenüber Margaret. „Es ist so schrecklich; ich habe sie dorthin gefahren – es ist wie ein Mord."

„Ich habe es nie verstanden", sagte Sir Albert mit leiser Stimme.

„Natürlich nicht. Armer Liebling! Als er ihr zum ersten Mal einen Heiratsantrag machte, waren wir in Renton, und oh, es war mir damals abscheulich, obwohl ich es heute für erträglich halte; und ich wollte unbedingt weg – irgendwohin von diesem rauchigen Ort." Die arme Margaret lehnte ab und erzählte mir davon ... Sie werden sehen, warum ich jetzt so untröstlich war, dass ich so egoistisch war und dachte, sie hätte es getan.

„Ist das, wenn--“

„Unterbrechen Sie mich jetzt nicht“, sagte sie und bemühte sich, in einem leichten Ton zu sprechen, obwohl ihr das Herz schwer war. „Ich bin wie eine Uhr, ich kann weitermachen, wenn ich aufgezogen bin, und wenn ich zurückgestellt werde, schlage ich völlig falsch.“

„Ich werde Sie nicht unterbrechen – aber“, sagte er errötend, „würde Ihre Schwester wünschen, dass ich das alles höre – nur an sie denke – wenn es ihr nicht gefiel?“

„Ich denke nicht an sie und spreche auch nicht von ihr, außer in Bezug auf meinen Teil der Geschichte“, sagte Grace kleinlich.

„Nun, wir sind nach Lornbay gefahren. Ich glaube, du erinnerst dich gut an den Ort, da du dort eingelagert warst. Nun, Margaret hatte dort einen anderen Liebhaber“ (sie sah ihn nicht aufschrecken), „und dieser lange, schlaksige, würde-“ „Sein schneller Junge wollte auch meine Margarete heiraten, und sie sagte natürlich: Nein; und ich war überhaupt nicht verärgert“, fuhr sie naiv fort, „denn er hatte keinen Sixpence.“

„Nun – Sie sehen, ich beginne alle meine Sätze mit diesem nützlichen Wort – aber jetzt war es alles andere als gut. Wir gingen in ein höchst abscheuliches kleines Dorf namens Torbreck, und dort bekam ich dummerweise eine Erkältung und hustete. Ich habe noch nie von jemandem gehört der wie ich gehustet hat, und ich habe vergessen, was er genau getan hat, und wie ich ihm gedankt habe. „Oh !“, rief sie, während ihr die Tränen übers Gesicht liefen. „Nie, nie kann ich eine Nacht vergessen.“ Sie kam, kniete sich neben mein Bett und fragte mich, ob dieses Opfer wirklich das sei, was ich mir wünschte; sie sagte, es würde so sein Ihr Leben zu geben, und dass es ihr jetzt schlechter geht als vor ihrem Aufenthalt in Lornbay, wenden Sie sich jetzt nicht von mir ab. Sie können meine Tat nicht schlimmer hassen als ich – Sie können keine geringere Meinung haben Ich war aufgeregter als ich selbst und forderte sie auf, es zu tun, und Grace lehnte sich völlig erschöpft in ihren Stuhl zurück.

Was konnte der junge Mann sagen? Die Tat war vollbracht und nichts konnte sie mehr rückgängig machen. Für die völlige Selbstsucht von Graces Verhalten gab es keine Entschuldigung; er versuchte, seine Gefühle zu beherrschen; Es gelang ihm nur, mit gebrochener Stimme etwas über Gottes Vergebung zu sagen.

Aber Grace hatte den Kummer überwunden, diesen Schrecken in seinem Gesicht zu sehen. Sie hatte sich die Mühe gemacht, ihm die Geschichte zu erzählen und Margaret direkt in seine Augen zu bringen; und sie war der Erschöpfung erlegen und für eine Zeit lang taub und blind für alles, was um sie herum geschah.

Er blieb eine Weile und verließ sie, schockiert über die Heftigkeit seiner eigenen Gefühle ihr gegenüber.

Das Bild seiner armen kindlichen Liebe – knieend neben dem Bett der Schwester, die sie verehrte, die sie erbarmungslos opferte – wofür? Ein paar Luxusgüter.

Es war absolut schrecklich, daran zu denken, und er vergaß, die schwache Gesundheit zu berücksichtigen, die das Urteilsvermögen beeinträchtigt haben könnte. Er wartete in London, bis er glaubte, dass Mrs. Dorriman Zeit hatte, zu antworten, weshalb er aus Furcht vor Fehlern sein Telegramm datiert hatte. Ihre Antwort kam und war nicht ganz zufriedenstellend. *Mein Bruder ist sehr krank und ich kann ihn nicht verlassen, aber ich schicke meine Magd Jean.*

Er ging noch einmal zu Graces Unterkunft und erzählte der Wirtin, dass eine alte Dienerin der Familie unterwegs sei. Dann überlegte er, wie er Margaret diese Neuigkeit am besten übermitteln könnte.

Er empfand die Einweisung als eine Chance und fürchtete, die Situation für sie noch schlimmer zu machen, wenn er zu oft dorthin ginge; Aber er muss etwas riskieren, sie muss irgendwie etwas über ihre Schwester wissen, sie muss zur Ruhe kommen.

Unfähig, sich zu entscheiden, wanderte er umher, als ihn im Laden eines Buchhändlers ein seltsam aussehendes Buch anlockte. Es war mehr als ein Laden, denn dort las er, dass es sich um keinen geringeren Ort als das Büro des „Fleißigen Arbeiters" handelte, einer Zeitung, die er namentlich kannte.

Er ging hinein, um nach dem Preis des Buches zu fragen, und der intelligente kleine Mann, der unter Tränen ein Gedicht las, legte es hin, um sich um ihn zu kümmern, und sagte dabei: „Ich bitte um Verzeihung, dass ich so in Anspruch genommen war, aber ich habe es getan." etwas sehr Schönes hier;" und reichte ihm das Papier, das Sir Albert in den sauber geschriebenen Zeilen erkannte – Margarets Handschrift.

Kapitel VII.

Als Margaret Renton Place verließ und Grace sie verabschiedet hatte, überkam sie zum ersten Mal das Gefühl, schuld gewesen zu sein. Der starke Glaube an sich selbst, der sie normalerweise vor unangenehmen Gefühlen schützte, verließ sie jetzt; Sie versuchte, sich auf eine fröhlichere Art und Weise durchzusetzen, fand es aber hoffnungslos. War sie schwächer und hatte ihre Krankheit ihre Nerven erschüttert? Als die Nacht hereinbrach und die Familie schlief, kam ihr die Erinnerung entgegen. Ihr Egoismus erfüllte sie mit Reue; Auf wie viele Dinge konnte sie jetzt zurückblicken, wo Margaret, ihre Freundlichkeit und ihre niemals nachlassende Hingabe als so gering angesehen worden waren, geprüft durch ihre eigene alles verzehrende Liebe, ihren eigenen Weg zu gehen?

Wie kleinlich hatte sie schließlich zu ihrem Opfer gedrängt, und wie leicht hätte der Eigenwille, der am Ende gezwungen war, nachzugeben, dies früher getan und sie gerettet!

Sie erkannte die Schönheit des Charakters ihrer Schwester, wenn auch noch unklar. Wie weit waren sie gefühlsmäßig voneinander entfernt! Wie Margaret nicht nur auf der Wahrheit bestand, sondern auf dem höchsten Ausdruck der Wahrheit als dem Einzigen, was ihr am Herzen lag.

Tränen liefen einander über ihr Gesicht und jeden Morgen war sie blass und unerfrischt.

Der Mangel an Schlaf und die unaufhörliche Qual eines neu erwachten Gewissens machten Grace ungewöhnlich gereizt, ihre fröhliche Stimmung war unbeständig und diente tatsächlich nur als Maske, um den ständigen Schmerz zu verbergen, den sie ertragen musste, einen Schmerz, der so weit, weit entfernt war. quälender als jeder körperliche Schmerz.

Mr. Sandford – dem es selbst nicht mehr gut ging – hatte keine Zuneigung, ihm zu ermöglichen, ihre provozierenden Verhaltensweisen zu unterstützen.

Er war furchtbar verärgert und besorgt um Margaret, er war verärgert und beschämt über andere Dinge.

Es war für Mr. Drayton unmöglich, verloren zu haben, da er verloren hatte, ohne dass die Tatsache weit und breit bekannt war, und Mr. Sandfords Anteil wurde allgemein verurteilt. Ihm wurde offen vorgeworfen, er habe den Mann, dessen freundliches Lachen und seine nachlässige Art ihm den Beinamen eines „guten Kerls" eingebracht hatten, von Männern, die weder unter ihm gelitten hatten noch seinen gegenläufigen Mangel an Anziehung gekannt hatten, zur Katzenpfote gemacht.

Mr. Sandford wusste, dass er nicht verloren hätte, wenn er nicht ein Narr und ein schüchterner Narr gewesen wäre, als er hätte mutig sein sollen, aber in der Anschuldigung steckte genau das Körnchen Wahrheit, das sie schmerzte.

Der Ruf eines Geschäftsmanns – der nicht die Wurzel der Ehrlichkeit hat, wo Ehrlichkeit eine *unabdingbare Voraussetzung sein muss* –, wenn Respekt entgegengebracht werden soll; ist wie eine anmutige Art von Tannenbäumen, die man auf schottischen Hügeln und in vielen Wäldern findet, wo sie, anstatt wie die anderen Arten ihre Wurzeln tief in die Erde zu schlagen, sich nahe an der Oberfläche und beim ersten rauen Wind ausbreiten wirft sie um und enthüllt den oberflächlichen Einfluss, den sie auf Mutter Erde haben. Mr. Sandfords Name, der einst einen so hohen Stellenwert einnahm, wurde mit etwas Zurückhaltung erwähnt. Ein Kopfschütteln oder ein Schulterzucken sagen viel aus, obwohl es nicht wiederholt werden kann. Es hat Gewicht; Gesten bleiben oft im Gedächtnis, wenn Wörter, insbesondere vage Wörter, vergessen werden.

Wenn erst einmal ein kleiner Anfang gemacht ist, wie einfach ist es, weiterzumachen! Die Leute begannen sich wieder daran zu erinnern, dass es in den Angelegenheiten des armen Herrn Dorriman viele Dinge gab, die man nie richtig verstanden hatte.

Dieses Gefühl machte sich bemerkbar. Als Mr. Sandford zum ersten Mal mit seiner üblichen harten Hand eine Maßnahme durchführen wollte, lehnten die Mitglieder der Gesellschaft, deren Vorsitzender er war, ab. Niemand beschuldigte ihn offen, aber es wurden bestimmte Dinge angedeutet.

Sein schnelles Gespür für jedes Versagen gegenüber sich selbst ließ ihn den Stand der Dinge sofort erfassen; und obwohl er sich so weit beherrschte, dass er sich äußerlich nichts anmerken ließ, ging er mit Wut im Herzen nach Hause, die umso schrecklicher war, als sie kein Ventil hatte. Es war dieser ungünstige Zeitpunkt, als Grace ihn provozierte.

Vergeblich versuchte Mrs. Dorriman, das eigenwillige Mädchen unter vier Augen zu beraten. Sie hörte sie ungerührt. Tag für Tag gab es Szenen, in denen ihn ihre provozierenden Worte schmerzten.

„Warum sollte ich nicht sagen, was ich denke, meine liebe Frau Dorriman? Ich kann wirklich nicht den Mund halten.“

„Ich glaube nicht, dass du sagst, was du denkst. Du sprichst mit Absicht, um meinen Bruder zu provozieren.“

„Und warum sollte er nicht provoziert werden? Das Leben stellt mich vor viele Prüfungen. Ich selbst würde ein anderes Zuhause vorziehen; aber wenn ich gezwungen bin, hier zu leben, werde ich nicht nach Mr. Sandfords

Wünschen sprechen oder schweigen. und ich habe nicht die Absicht, ein Heuchler zu sein.

„Niemand möchte, dass du ein Heuchler bist, aber du musst nicht sagen, was du unangenehm zu sagen hast. Du machst ihn immer wütend, nicht so sehr durch deine Worte, sondern durch die Art, wie du die Worte sprichst.“

„Mr. Sandford ist ein Tyrann, und je mehr Sie ihm nachgeben, desto weniger werden Sie wahrscheinlich bekommen. Ich hoffe, ich werde nie wieder so ängstlich und schüchtern sein wie Sie!“

„Ich bin nicht zu schüchtern, um zu sagen, was ich denke, wenn es richtig ist, es zu sagen.“

„Ja, das bist du! Du siehst verängstigt aus, und das reicht für einen Mann wie deinen Bruder. Jetzt kann ich nicht wirklich verängstigt aussehen, weil ein wütender Mann für mich ein lächerliches Objekt ist. Es amüsiert mich.“

„Ich kann nicht anders, als zu sagen, dass du eine Lektion gelernt hast! Du hast meinen Bruder einmal so provoziert, dass du und Margaret weggegangen sind, und die arme Margaret muss jetzt leiden; du könntest sehen, dass du Schaden und nicht Gutes anrichtest.“ und Mrs. Dorriman war so wütend, dass sie ihre Worte nicht maß. „Du leidest nicht, aber sie leidet, und ohne dich und ohne deine Art, mit meinem Bruder zu sprechen, wäre sie bei uns in Sicherheit, armes Kind!“

Sie hatte sie für einen Moment wirksam gestoppt, und selbst bewegt von dieser Aussage in Worten von Gedanken, die ihr oft in den Sinn kamen, stand sie auf und verließ das Zimmer.

Sie hatte nichts gesagt, was Grace nicht auch reumütig zu sich selbst gesagt hätte, aber gerade die Wahrheit in ihrer Rede machte sie wütend.

Sie hörte Mr. Sandfords Stimme. Er rief den Namen seiner Schwester. Er traf sie weinend auf der Treppe.

Sie ging schnell und empört an ihm vorbei, und in einer Stimmung voller Gereiztheit schritt er in den Salon zu Grace.

„Ich werde Sie wissen lassen“, sagte er mit seiner wütendsten und lautesten Stimme, „dass ich nicht zulassen werde, dass Sie meine Schwester schikanieren.“

„Nein“, sagte Grace träge, „Sie möchten dieses Privileg monopolisieren!“

„Wie kannst du es wagen, auf diese Weise mit mir zu sprechen?“

„Ich wage es, in irgendeiner Weise mit dir zu sprechen. Warum sollst du immer studiert werden? Und warum behandelt dich jeder, als ob du ein Wesen aus einer anderen Sphäre wärst? Du schikanierst deine Schwester, und du würdest mich schikanieren, wenn ich es wäre." Ich habe aber nicht die geringste Angst vor dir. Deine Schwester hat versucht, mir klarzumachen, dass du humorvoll sein solltest – sie hat ein rührendes Bild gezeichnet und dann darüber geweint.

Er war jetzt weiß, blass vor Wut.

„Was wissen Sie über mein Verhalten gegenüber meiner Schwester? Es gibt niemanden, den ich mehr respektiere."

„Nun, du hast die seltsamste Art, es zu zeigen, die ich je kannte", und Grace machte eine provozierende Geste des Erstaunens und lachte spöttisch.

Dies erschöpfte Mr. Sandfords geringen Geduldsschatz völlig. Er geriet in schreckliche Wut und sagte Dinge, die Grace erschaudern ließen. Blass verließ sie wiederum das Zimmer und verließ wütend sein Haus zum zweiten Mal.

Sie ging ohne ihre Sachen, wickelte sich in ihren Mantel und beschloss, zu ihrer Schwester zu gehen und kein Zeichen zu machen. Sie war ganz, ganz sicher, dass Mr. Drayton sie auf jeden Fall eine Zeit lang empfangen würde, und sie musste eine neue Vereinbarung treffen. Hierher würde sie nie zurückkehren.

Mrs. Dorriman hörte die laute Stimme, und sobald sie ihre Fassung wiedererlangt hatte, eilte sie zum Schauplatz des Geschehens und fand Mr. Sandford krank vor, wie er es immer war, wenn die Leidenschaft die Oberhand über ihn gewann.

In ihrer Sorge um ihn vergaß man Grace, und erst beim Abendessen wurde bekannt, dass sie gegangen war, und die arme Frau Dorriman hatte das Gefühl, dass die Probleme tatsächlich ihr Teil waren.

Mr. Sandford reagierte nicht wie sonst, und sie ließ auf eigene Verantwortung den Arzt holen.

Er kam und verabreichte Heilmittel. Dann erzählte er ihr privat, dass ihr Bruder ernsthafte Beschwerden habe und dass die Aufregung eines Tages für ihn tödlich sein würde.

„Sie müssen ihn ruhig halten; er darf sich wirklich um nichts Sorgen machen oder beunruhigt sein", sagte der Arzt, nicht unfreundlich, sondern professionell besorgt und entschlossen, darauf zu bestehen, dass sein Patient die einzige Chance zum Leben hat.

„Wenn ich ihn zum Schweigen bringen kann!" begann die arme Frau Dorriman, „aber nichts, was ich tun kann, ist von Nutzen. Oh! Es ist tatsächlich nicht meine Schuld."

„Natürlich will ich das nicht sagen", antwortete er hastig, „aber ich warne Sie nur. Dieser Anfall wurde durch eine heftige Emotion ausgelöst, und eine Wiederholung davon, *jede* geistige Erregung wird ein Ende setzen ." zu seinem Leben."

Mrs. Dorriman trat an seine Seite, als der Arzt gegangen war, voller Reue und Schmerz im Herzen.

Sie war nun schon mehrere Monate mit ihm zusammen, und obwohl sie den unausgesprochenen Verdacht nie wirklich vergessen hatte, war er in eine entlegene Ecke ihrer Erinnerung gerückt. Als sie ihn ansah und das besorgte Gesicht und den Ausdruck des Kampfes bemerkte, den sein Angriff hinterlassen hatte, hatte sie das Gefühl, ihm gegenüber hinterlistig gewesen zu sein. Was war das wirklich wichtig? Angenommen, diese Papiere enthielten Beweise gegen ihn, wäre es dann sinnvoll, ihn damit zu konfrontieren?

Sie war sich zweier Dinge bewusst: dass sich ihre gesamte Einstellung ihm gegenüber geändert hatte und dass sie sich auch gegenüber ihrem Ehemann geändert hatte.

Die verschiedenen Szenen, die sie in Renton erlebt hatte, hatten dazu geführt, dass sie dankbar an die Zuneigung und den Frieden dachte, die sie mit ihrem Mann hatte.

Sie begann liebevoller an ihn zu denken und sah andere mögliche Schlussfolgerungen als die, zu denen sie gekommen war.

Diese erwachte Zärtlichkeit, die ihn jetzt nie mehr trösten konnte, gab ihr das Gefühl, dass sie, wenn sie diese Papiere tatsächlich lesen würde, nichts gegen ihren Mann sehen würde, und diese Überzeugung nahm ihr eine schwere Last von der Seele. Dann kam der andere Teil des Problems: Wenn ihr Mann unschuldig gewesen wäre, welcher war dann ihr Bruder?

All die langen Jahre der Vernachlässigung in der Schule, all die Härte, mit der er sie in früheren Jahren behandelt hatte, schienen jetzt verblasst zu sein, sie war ihm gegenüber so nachgiebiger geworden, und jetzt, als er sich langsam erholte, erkannte sie dies.

Gerade als sie erkannt hatte, dass er jetzt ihre erste Pflicht war, wurde ihr das Telegramm in die Hand gelegt, in dem sie gebeten wurde, sofort zu Grace zu gehen.

Sie war über alle Maßen verzweifelt, aber sie konnte es nicht tun, sie konnte ihn jetzt nicht aufregen oder ärgern. Sie *konnte* ihn nicht verlassen.

Es fiel ihr zwar schwer, Jean von sich zu lassen, aber sie hatte kein Vertrauen in andere Hilfe, und sie hatte das stärkste Gefühl einer vernachlässigten Pflicht, wenn sie es jetzt aufgab, dem missratenen Mädchen zu helfen.

Jean war unwillig. Sie hatte Schottland noch nie verlassen und betrachtete London als einen Sündenbock der Ungerechtigkeit. Sie hatte einige Bedenken wegen ihrer Reise und machte sich auf den Weg mit dem festen Gedanken, dass sie immer auf der Hut sein sollte vor Taschendieben, erpresserischen Taxifahrern und Höflichkeiten, die am Ende einen Raub bedeuten könnten.

Sie steckte Graces Adresse in ihr Kleid, versteckte dort ihre Handtasche und wurde von Robert in den Zug gesetzt, der zu ihrer eigenen Empörung dem Wachmann die Obhut über sie gab, „als ob ich ein kleines Paket wäre", sagte sie Sie selber.

Sie saß in einem Waggon zweiter Klasse und erlebte einige Abenteuer; Den zwei oder drei Fremden gegenüber, die ein- oder ausstiegen, war sie so „distanziert", dass sie sie für eine höchst unangenehme alte Frau hielten, aber Jean war nur auf der Hut.

Als sie den Wagen wechselten und Jean wieder Platz nahm, ging eine junge Frau immer wieder vorbei und stieg schließlich in den Wagen und setzte sich ihr gegenüber. Sie war sehr hell und hatte eine schöne rosa Farbe auf den Wangen. Sie zappelte ziemlich herum, stand auf, schüttelte ihr Kleid und sagte schließlich mit bestürztem Ton:

„Oh, was soll ich tun? Ich habe mein Ticket verloren und ich habe kein Geld bei mir!"

Jean, der allein im Wagen war, musterte sie aufmerksam, sagte aber kein Wort.

Die junge Frau begann zu weinen.

"Hilf mir!" Sie sagte; „Hilf mir! Ich bin allein und ohne Freunde!"

Jean sagte immer noch nichts; Sie bemerkte, dass ihr Schluchzen nachließ, als sie an einem Bahnhof anhielten, und dass sie sich in eine Ecke zurückzog und der Beobachtung entging. Dies weckte ihren Verdacht, und als er wieder aufkam, begann die bis dahin so verzweifelte Person nicht wenig unverschämt zu werden.

„Ich frage mich, ob die Leute in diesem Zug nach Gewicht bezahlen?" sagte sie leichthin, entschlossen, die stummen Lippen der kräftigen und stark eingepackten Gestalt vor ihr zu öffnen.

Dieser Spott über ihre Größe weckte Jean.

„Wenn Sie Ihr Ticket *bezahlt haben* , wissen Sie es wahrscheinlich", sagte sie in ihrem besten Englisch und äußerst empört.

Diese Antwort löschte den Wunsch ihrer Nachbarin nach einer Konversation völlig aus, aber sie rutschte immer noch hin und her, probierte erst einen Sitzplatz und dann einen anderen aus, und als sie sich neben Jean setzte, tastete sie herum und drückte sich an sie, was sie insgesamt äußerst anstößig machte .

Die Reise ging zu Ende; Der Ticketsammler kam zur Tür und Jean steckte die Hand in die Tasche – ihre Handtasche war zum Glück sicher vorn in ihrem Kleid – das Ticket war weg! Zu ihrer großen Überraschung zog die junge Frau sofort eines hervor.

Jean suchte vergeblich, ihr Ticket war nirgends zu finden und ihre Bestürzung war groß. Sie hatte das verwirrte Gefühl, dass sie in irgendeiner Weise gegen das Gesetz verstieß, und obwohl sie äußerlich ruhig blieb, befand sie sich in Wirklichkeit in einem äußerst ängstlichen Zustand und wusste nicht, was sie tun sollte.

Der Wachmann kam glücklicherweise herbei, um zu sehen, woran es lag, und wurde von einem Polizisten begleitet.

"Was die Sache war?" er hat gefragt.

Bevor Jean antworten konnte, streckte der Polizist seine Hand aus und berührte die junge Frau, die vergeblich versucht hatte, herauszukommen. Sie wurde blass – was Jean jetzt sah, war Farbe.

„Sie werden gesucht", und er wandte sich an Jean und sagte: „Hat sie etwas von Ihnen genommen, Ma'am?"

Beim Blick auf das Ticket lachte der Wachmann und antwortete:

„Sie hat Ihr Ticket genommen, alte Dame. *Von Renton nach London.* Sie ist erst vor einer Stunde reingekommen."

Armer Jean! Ihr ganzes Leben lang wird sie von nun an an Polizisten glauben. Als sie von St. Pancras zum Bahnhof nach Wandsworth fuhr, weigerte sie sich tatsächlich, ihr Taxi zu bezahlen, bis der Polizist, der in ihrer Nähe stand, ihr den Fahrpreis erklärte, und amüsierte die Umstehenden nicht wenig durch ihre entschlossene Haltung und den misstrauischen Blick, den sie dem Taxifahrer zuwarf .

Als sie Grace erreichte, wichen ihre Müdigkeit, ihre Abenteuer, alles dem Mitgefühl. Denn Grace war sehr krank und brauchte gute Pflege und Pflege, und in den Augen der armen Jean war die Unterkunft und alles, was dazu gehörte, für keinen Christen geeignet, schon gar nicht für eine Schottin.

Sie wunderte sich sehr darüber, dass Margaret nie in die Nähe ihrer Schwester kam, und beschloss, sie aufzusuchen: Mrs. Dorriman hatte ihr aufgetragen, die Mutter beider Kinder zu sein, und sie hatte fest vor, ihr Versprechen zu halten.

Inzwischen war Margaretes kleines Gedicht veröffentlicht worden, und sie hatte für ihre Arbeit drei goldene Sovereigns erhalten. Sie wusste so wenig über den Wert literarischer Arbeit, dass sie nicht im Geringsten überrascht war; Sie empfand nur die tiefste Dankbarkeit, dass sie, wenn sie ein Geschenk hätte, es für ihre geliebte Schwester einsetzen könnte.

Ihr Gedicht war sehr rührend, voller Fehler einer Person, die nie eine umfassende Ausbildung gehabt hatte, doch als sie es im Druck sah, fielen ihr einige Änderungen auf, die sie für Verbesserungen hielt, und ging davon aus, dass diese Änderungen ganz selbstverständlich von ihr vorgenommen wurden der Editor. Dies war offensichtlich der Nutzen eines Redakteurs. Dann begann sie zu berechnen, wie viele dieser Gedichte sie in einer Woche schreiben könnte. Angenommen, sie hat vier geschrieben. Warum es auf einmal zwölf Guineen pro Woche gab; ein Lebensunterhalt, ein großes Einkommen! Warum, oh warum, hatte sie nicht schon früher daran gedacht?

Die Eindrücke ihres Geistes flossen auf natürliche Weise in Reime ein. Die Gedanken waren von großer Schönheit, auch wenn sie auf dem Papier weitgehend gleich dargelegt wurden. Ihre Lektüre mit Mrs. Dorriman war nicht aufgegeben worden, und sie begann, ihre Gedanken auf ihre Arbeit zu konzentrieren. Das Glück ihres Lebens, das ihr entgangen war, verlagerte alles auf eine Moll-Tonart, aber dadurch wurden ihre Gedichte schöner. Um die Gefühle anderer zu berühren, ihre Herzen anzusprechen, muss es Realität geben, und Realität kann nur aus persönlicher Erfahrung bestehen.

Manchmal erschreckte sie die außergewöhnliche Tristesse ihres Lebens. Tag für Tag aufzustehen, wissend, dass eine heimliche Angst vor einer möglichen Tragödie, die sich in ihrem Haus abspielte, sie verfolgte; niemanden zu sehen, nirgendwohin zu gehen, da sie die Schwelle nicht überschreiten durfte. Sie hatte keine Ahnung, dass diese Tatsachen, wenn man sie irgendjemandem erzählte, sofort zu ihrer Freilassung geführt hätten und dass jeder, der ihr Leben kannte, sich eine gerechtere Schlussfolgerung über den Zustand ihres Mannes hätte ziehen können.

Aber die Angst davor, gehen zu müssen und von ihrem Kind getrennt zu werden, war ihr egal, und als sie ihren Mann kennenlernte, sprach er kaum mit ihr. Sie sah ihn nie ohne seinen Diener, und sie konnte es nicht ertragen, vor ihm an ihren Mann zu appellieren. Sie konnte es nicht ertragen, in seiner Anhörung über die Krankheit ihrer Schwester zu sprechen.

Bei jeder sich bietenden Gelegenheit versuchte sie, den Schlüssel für die Haustür oder die Erlaubnis zum Verlassen zu bekommen, aber jedes Mal wurde sie von schallendem Gelächter, sinnlosem *Gelächter* und Ablehnung beantwortet.

Die letzte Idee ihres Mannes war die wildeste Eifersucht auf den Arzt, der von Mrs. Draytons Jugend, ihrer Anmut und ihrem Charme ein wenig überzeugt war.

Vor ihm war Mr. Drayton immer vollkommen ruhig und sogar wohlerzogen, ein wenig mürrisch, was, wie der Arzt meinte, natürlich war, da er sich über den Verzicht auf jegliche Reizmittel ärgern musste; aber seine Beobachtungen überzeugten ihn davon, dass er tatsächlich davon abgehalten wurde, und er sah nichts, was den Verdacht in eine andere Richtung hätte lenken können.

Er bedauerte, die junge Frau jetzt nie gesehen zu haben, und drückte Mr. Drayton sein Bedauern aus.

Er war überrascht, eine wütende Röte in seinem Gesicht zu sehen, kam aber zu dem Schluss, dass es möglicherweise einen ehelichen Streit gegeben hatte und dass sie sich nicht dafür entschieden hatte, zu erscheinen.

Als es Margaret zum ersten Mal gelang, ihr kleines Gedicht an den guten Mr. Skidd, den Herausgeber des „Industrious Workman", zu schicken, hatte sie dies durch ihre Amme getan, die eine herzliche Bindung zu ihrer Geliebten entwickelt hatte. Sie war noch recht jung – dies war ihr erster Ort, und sie kam zu dem Schluss, dass die Armen viel mehr Freuden hätten, wenn dies das Leben reicher Menschen sei.

Margaret las ihr ihr Gedicht vor, das sie nur vage verstand, und sie las ihr auch die Notiz vor, die sie dem Herausgeber schrieb.

Sie wusste nichts von ihm, außer dass der Arzt ihr zunächst gesagt hatte, sie könne dort Bücher bekommen, und als sie ihn fragte, hatte er auch in höchsten Tönen von ihm als einem kultivierten und intellektuellen Mann gesprochen, der viel zur Verbreitung gesunder Menschen beigetragen habe billige Literatur, und dass er eine verdienstvolle Wochenzeitung herausgab.

Ihre Idee war es nun, etwas Längeres und Wichtigeres zu schreiben. Sie hatte zwei große Anreize zum Schreiben: Sie hatte etwas zu sagen, ohne das alles Schreiben so wirkungslos bleibt; und sie wollte Geld für ihre Schwester bekommen.

Ihren Vorschlag, einen Gedichtband zu schreiben, nahm Mr. Skidd mit einiger Belustigung auf.

Der unbekannte Herr, der ihre kleinen Gedichte auf eigene Kosten herausbrachte, nachdem sie in der Zeitung erschienen waren, und der für sie die wenigen Schilling erhielt, die Mr. Skidd für wertvoll hielt, würde seine Großzügigkeit nicht so weit treiben, sich auf ein größeres einzulassen Buch – aber er würde es sehen. Er sprach daher ziemlich vage mit der jungen Frau, die als Bote kam, so vage, dass Margaret meinte, sie *müsse* auf irgendeine Weise versuchen, selbst ein Interview mit dem Mann zu führen.

Aber wie erreicht man das? Es gab zwar eine Hintertür, aber sie konnte es nicht ertragen, mit der Duldung der Dienerin hinauszugehen, die Köchin war und zu jeder Zeit eine unangenehme Frau war. Das Schicksal begünstigte sie jedoch innerhalb weniger Tage. Sie ging eines Nachmittags mit ihrer Krankenschwester und ihrem Baby durch den Garten, als jemand mit einer Nachricht an die Haustür kam, was den mürrischen Diener dazu veranlasste, für ein paar Sekunden ins Haus zu gehen. Schnell wie ein Gedanke schlüpfte Margaret aus ihrem Gefängnis und eilte die Straße entlang.

Ihr war schwindelig vor Aufregung und dem Gefühl der Freiheit – Grace zu sehen – und sich mit ihrem Buch zu arrangieren.

Ihr Gesicht strahlte, als sie weiterging. Sie muss zuerst Grace sehen und sich dann beeilen, ihr Geschäft zu erledigen.

Als sie Graces Unterkunft erreichte, wurde sie von einem heimeligen, freundlichen Gesicht empfangen; und Jean vergaß alles außer dem, dass sie ein schweres Leben hatte, und nahm sie in die Arme, als wäre sie ein eigenes Kind gewesen.

Margarets Tränen kamen nie sehr an die Oberfläche, aber sie hatte ein so unnatürliches und so unterdrücktes Leben geführt, sie war so lange so völlig ohne Freundlichkeit oder Mitgefühl gewesen, dass sie jetzt zusammenbrach und auf die breite Schulter der guten, ehrlichen Jean schluchzte , spürte nur die Süße und den Trost der Erleichterung.

„Mein armes Kind, mein armes Kind!" Jean sagte immer wieder, und dann erinnerte sie sich daran, dass sie nicht zulassen sollte, dass sie nachgab, und sagte: „Aber Sie werden nicht in der Lage sein, Miss Grace zu sehen, und Sie sind nur ein verschwommenes Objekt", und diese Überlegung hielt auch Margaret inne Tränen weinten und veranlassten sie, den Kopf zu heben und zu versuchen, sich zu beruhigen.

„Wie geht es meiner Schwester? Wie geht es Grace, lieber Jean?"

„Sie ist nicht nur dazu geeignet, Houlachan zu tanzen", sagte Jean fröhlich, die die meisten Wörter auf ihre ganz eigene Art aussprach, „aber so schlecht ist sie auch nicht. Äh, mein Lieber, komm und sieh sie dir an; sie hat sich um dich gekümmert, Sir, Sir.

Margaret ging nach oben und im nächsten Moment waren die Schwestern wieder zusammen.

Grace lag auf dem Sofa und Margaret sah besser aus, als sie erwartet hatte. Sie war eine sanftere Ausgabe der alten Grace, immer noch unbeständig, launisch, aber voller Zärtlichkeit für ihre Schwester, deren Leben sie so völlig ruiniert hatte.

„Warum, Liebling, warst du noch nie hier?" Sie fragte; „Ich habe dir so viele Notizen geschickt und so dürftige Antworten erhalten. Du erzählst mir nie etwas über dich selbst; du sagst mir nie, was ich wissen möchte."

„Über mich selbst kann ich so wenig sagen. Mein Mann ist krank und seit seiner Krankheit kann er mein Ausgehen nicht ertragen, und ich bin heute gekommen, weil ich entkommen konnte."

„Aber sag mir eins, Liebling, nur eines. Warum bei ihm bleiben? Warum ihn nicht verlassen?"

„Wegen des Babys; ich kann mein Kleines nicht im Stich lassen, Grace; und wenn ich ihn verlassen würde, nur weil er unfreundlich ist und mir keine Freiheit lässt und ‚seltsam' ist, hätte er das Recht, das Baby zu behalten, nicht ich, seine Mutter." "

„Wenn das dann das Gesetz ist, ist es abscheulich!" rief Grace aus.

„Ich finde es *schrecklich* ", sagte Margaret; „Selbst wenn er grausam wäre, wenn er mich schlagen würde, wenn er auf andere Weise berüchtigt wäre, könnte ich ihn verlassen; ich wäre frei; aber selbst dann ist es zweifelhaft, ob ich mein Kind bekommen könnte."

„Und wir rühmen uns der englischen Gerechtigkeit!" rief Grace aus.

„Es ist grausam ungerecht", sagte Margaret. „Oh Liebling, wie oft haben wir über Frauen gelacht, die ihre ‚Rechte' wollten, und uns über diejenigen lustig gemacht, die für Aufsehen sorgten, weil sie Wählerstimmen hatten: Aber diese eine Sache, diese eine schreckliche Ungerechtigkeit gibt mir das Gefühl, dass Frauen es irgendwie tun sollten , in der Lage sein, ihre großen Bedürfnisse zum Ausdruck zu bringen; sicherlich sollte eine Mutter die gleichen Rechte wie der Vater haben und etwas über das Schicksal eines Kindes mitreden können!"

„Und wir müssen uns unterwerfen, und ich, *ich* habe dich in diese Lage gebracht!" und Grace brach in Tränen aus.

Jean eilte ins Zimmer.

„Kinder, meine lieben Kinder, Whist, um jeden Preis. Ihr werdet mir das Gefühl geben, dass ich falsch gehandelt habe, als ich euch beide zusammen gelassen habe.“

„Wir haben von einem ungerechten Gesetz gesprochen“, sagte Margaret; „Wir sprachen über mein Kind, Jean, und dass, *wenn* ich meinen Mann jemals verlassen würde, er es wahrscheinlich bekommen würde und nicht ich.“

„Dieses Gesetz ist von Menschen gemacht“, sagte Jean, „und es ist wirklich grausam und nicht christlich. Ich hatte nie eine Meinung über Männer, sie sind einfach nur arme Geschöpfe, arme, selbstsüchtige Geschöpfe – außer vielleicht der Polizei.“ „„ fügte sie hinzu, mit einem Gefühl der Undankbarkeit für die Art und Weise, wie ein Polizist ihr in ihrer Not geholfen hatte.

„Erzähl mir von deinem Baby, Margaret“, sagte Grace und wandte sich mit echtem Interesse an ihre Schwester. „Es ist doch schon über ein Jahr alt, nicht wahr?“

„Mein kleiner Schatz ist ein Jahr und fast drei Monate alt, in fünf Tagen wird er fünfzehn Monate alt. Er kann herumlaufen und nennt mich so hübsch. Oh, Schatz, ich wünschte, ich wünschte, er wäre dabei bei mir.“ Moment, ich bin so besorgt, wenn ich seit seiner Geburt nur einmal weg war.

„Und hat dieser Mann dich zum Schweigen gebracht, Liebling? Willst du damit sagen, dass diese rauchigen Bäume und dieser ummauerte Ort, der wie ein Gefängnis aussieht, alles sind, was du hast? Oh, dein Leben ist eine einzige lange Prüfung!“

Margaret sprach nicht; Ihr Leben war so völlig elend, so völlig hoffnungslos, dass sie nicht darüber sprechen konnte.

„Ich habe ein Baby“, sagte sie leise, „und, Gracie, Liebste, wenn es einem sehr schlecht geht, ist Gott ganz nahe.“

Die Schwestern trennten sich mit der ganzen Angst und Ungewissheit über ihr nächstes Treffen, was ihnen beide das Gefühl gab, nichts zu haben, worauf sie sich freuen könnten, und Margarét riss sich los und eilte in Mr. Skidds Gegenwart.

Mrs. Dorriman hatte Jean mutig ermächtigt, sich für alle Ausgaben an Mr. Sandford zu wenden, sodass ihr das Geld nicht mehr so wichtig war.

Aber dieses verminderte Bedürfnisgefühl minderte ihre Dankbarkeit gegenüber dem Herausgeber für seine Freundlichkeit keineswegs. Ohne wirkliches Wissen, das sie leiten konnte, wusste sie nicht, dass alles einer Kritik standhalten musste und dass es falsche Freundlichkeit gewesen wäre, sie zum Schreiben zu ermutigen, ohne dass ein Verdienst in Sicht gewesen wäre.

Aber Mr. Skidd hatte in allem, was Margaret tat, echte Verdienste entdeckt; es gab den Eindruck der Wahrheit und kein fiktives Gefühl. Der Schrei war der Schrei einer ausgehungerten menschlichen Seele, die sich nach Mitgefühl und einem Ventil sehnte, in einem Leben voller Elend und Unterdrückung, heimgesucht von einer nie endenden Angst.

Er war so erstaunt, als Margaret vor ihm stand – über ihre Jugend und die anmutige Art, wie sie ihren Dank ausdrückte –, dass er vor ihr stumm war.

Als nächstes errötete sein kahler Kopf kräftig, denn er erinnerte sich, dass er in Hemdsärmeln dastand.

Er war ein zu ehrlicher Mann, um ihren Dank für mehr anzunehmen, als er getan hatte, und er verwirrte sie erheblich mit seiner Anspielung auf die große Wertschätzung eines Herrn aus London.

„Aber Sie haben mein kleines Gedicht veröffentlicht“, fragte sie, nicht wenig verwirrt über seine Aussagen.

„Sicherlich, gnädige Frau! Im ersten Fall habe ich das getan, aber dieser Herr, ein literarischer Herr, kam genau an dem Tag vorbei, an dem ich Ihr erstes Gedicht las, und es gefiel ihm, und er brachte es hinterher heraus und kümmerte sich um die Kleinigkeit Ich habe Sie darum gebeten; ich hoffe, dass das in Ordnung war und dass Sie die Quittung erhalten haben, und ich habe mir vorgestellt, dass er von Ihnen autorisiert wurde.

„Oh, danke! Ja. Ich habe das Geld in Ordnung bekommen“, sagte Margaret sehr verwirrt und fragte sich, wer das gewesen sein könnte.

Sie stellte auch fest, dass Mr. Skidd nichts über ihr Gedicht in erweiterter Form versprechen konnte, bis er es gesehen hatte und Zeit hatte, diesen geheimnisvollen Freund zu konsultieren, der ihrer Aussage nach ihre kurzen Gedichte so sehr schätzte.

Es war erfreulich, sich vorzustellen, dass sie ein größeres Publikum haben und ein ebenso dankbares Publikum erreichen könnte. Mr. Skidd begann mit ihr über ihre Gedichte zu sprechen und gab ihr viele nützliche Hinweise.

„Der Fehler Ihrer Poesie, meine Dame, ist, dass sie Abwechslung will. Die Menschen werden der ständigen Trauer und all diesen Dingen müde. Sie schreiben sehr hübsch. Geben Sie uns etwas Fröhliches, lassen Sie die Vögel zwitschern und die Sonne scheinen, kultivieren Sie Helligkeit, Menschen mögen es nicht, ständig zu trauern.

„Aber wenn ich nicht glücklich bin, kann ich nicht schreiben, was ich nicht fühle“, wandte Margaret ein.

„Oh, ja, das kannst du; wenn du den Trick verstehst, wirst du es leicht schaffen."

Margaret wusste, dass dies unmöglich war, aber bevor sie Zeit hatte, ihre Verneinung zu wiederholen, tauchte ein wohlerinnertes Gesicht vor ihr auf, und Sir Albert Gerald, erfüllt von Freude darüber, sie so unerwartet zu treffen, kam mit ausgestreckter Hand nach oben. Mr. Skidd war enorm verärgert.

„Und Sie tun so, als wüssten Sie nicht, wer Ihr Gedicht kauft", rief er aus; „Ich nenne das Humbug – und Sie", sagte er scharf und wandte sich an Sir Albert, „warum konnten Sie nicht offen damit umgehen?"

„Aber haben *Sie* meine Gedichte gekauft? Sind Sie der Literat, durch dessen Wertschätzung ich so viel Ermutigung erhalten habe?" und Margaret wandte sich beschämt und enttäuscht ab, um zu gehen.

Jedenfalls wusste *sie* nichts, und Mr. Skidd schämte sich für den augenblicklichen Verdacht, der ihn erfüllt hatte.

„Nein, diese Dame hat auf dem Platz gehandelt; was den Mann betrifft ..."

Als der kleine Mann sie ansah, hatte er das Gefühl, dass sich vor seinen Augen ein ganzes Drama abspielte, die Luft war voller Geheimnisse im Zusammenhang mit diesen beiden.

Der ehrerbietige und respektvolle Sir Albert war offensichtlich ganz in die große, anmutige Gestalt vor ihm vertieft, die kalt dastand und offenbar entschlossen war, in seiner Gegenwart keinerlei Genugtuung zu zeigen.

Herr Skidd war ein guter Menschenkenner.

ihr nichts Schlimmes passiert ", sagte er und ließ sie mit diesen Worten sich selbst überlassen.

KAPITEL VIII.

„Sie glauben, nicht wahr, dass meine Anwesenheit hier ein Unfall ist?" Sagte Sir Albert höflich. „Ich habe mich für Ihr Schreiben interessiert und freue mich, dass es Anerkennung gefunden hat."

Sie hob den Kopf und sagte hastig zu ihm: „Du bist freundlich – du willst freundlich sein – aber du hast keine Ahnung, was für ein bitterer, bitterer Schlag das für mich ist – und was für eine schreckliche Enttäuschung!"

„Du verstehst die ganze Sache falsch", sagte er und verlor fast seine Kontrolle, als er bemerkte, wie ihre Blüte verblasst war und wie schrecklich die Spuren der Angst in ihrem Gesicht zeigten, wie ihr Leben war. „Es ist wahr, dass ich die Veröffentlichung für Sie durchgeführt habe, aber ich versichere Ihnen, dass Ihre Gedichte das höchste Lob gefunden haben und dass ich sie zwar für Sie herausgebracht habe (es scheint so eine Kleinigkeit zu sein, die Sie für Sie tun müssen) , ich habe gerade einen Brief vom Herausgeber einer der besten Zeitschriften erhalten, um Ihnen zu zeigen, dass Ihr Name unbekannt ist – er behandelt Ihre Gedichte lediglich als von einem Fremden stammend – Sie sind ihm völlig fremd du liest es?"

Er hielt es ihr entgegen. Während er ein oder zwei Zeilen bemängelte und hier und da Einwände gegen ein Wort erhob, erkannte er in warmen Worten die Schönheit der Bilder, den Gedankenfluss, die Reinheit der Zeilen an, die ihm geschickt wurden, und betrachtete dies als Hinweis auf ungewöhnliche Kraft und dass die Der Autor sollte ermutigt werden, einen längeren Flug zu versuchen.

Arme Margarete! Die Gegenwart und alle Prüfungen ihres Lebens waren vergessen; Die Süße dieses Lobes, das zu einem Zeitpunkt kam, als ihr Herz ausgehungert war und all ihre brillante und leuchtende Fantasie in den trostlosen Mauern ihres unglücklichsten Zuhauses untergebracht war, war fast überwältigend. Sie streckte beide Hände dem Mann entgegen, der sich als so echter Freund erwiesen hatte – ihre Wangen erröteten und Tränen der Dankbarkeit funkelten in ihren Augen.

Für den armen Sir Albert war es die schlimmste Prüfung, ihr nicht sagen zu können, dass er ihre Dankbarkeit nicht ertragen konnte. Er stand da und starrte sie wie verzaubert an, ergriff ihre Hände, bis sie sie zurückzog, und in seinem Herzen tobte ein Kampf, der fast über seine Grenzen hinausging.

Dann wandte sie sich zum Gehen, und ihre letzten Worte waren Schmerz und Belohnung zugleich.

„Ich werde dir immer vertrauen", sagte sie ernst, „du wirst mein Kritiker und mein Richter sein; wenn ich Unsinn schreibe, wirst du ein echter Freund sein und das auch sagen. Ich bin dir so dankbar! Von nun an werde ich mich fühlen." habe tatsächlich einen Bruder.

Er murmelte etwas, fühlte sich elend und fürchtete sich davor, dass sie es sah, und er sah ihr nach, wissend, dass sein Leben nur durch die Hoffnung, sich mit ihr anzufreunden, erheitert wurde – dankbar, dass sie dieses eine große Geschenk hatte, das sie vor der Verzweiflung retten konnte, und doch Sie war sich völlig darüber im Klaren, dass ihr völliges Unwissen über seine fortgesetzte Liebe für ihn ein zusätzlicher Schmerz war.

Dann ging er mit Mr. Skidd auf ein oder zwei geschäftliche Details ein; erfreute diesen kleinen Mann, indem er ihm seine hohe Meinung von den kleinen Gedichten untermauerte, indem er ihm den Brief zeigte, den er hatte – und ging deprimiert und unglücklich nach London. Er hatte durch dieses zufällige Zusammentreffen nichts gewonnen, außer der Überzeugung, dass sie seine Liebe so völlig vergessen hatte, dass sie die brüderliche Bindung für ihn genauso befriedigend anbot wie für sie. Und doch wusste er tief in seinem Herzen, dass diese Haltung ihm gegenüber die einzig mögliche für jemanden wie sie war, wenn sie ihm erlaubte, ihr zu helfen und ihr Freund zu sein.

Mrs. Dorriman, die Jean auf Schritt und Tritt vermisste, tröstete sich gewissermaßen mit der schroffen Freundlichkeit ihres Bruders ihr gegenüber.

Sie war an sein Verhalten so gewöhnt, dass sie die Freundlichkeit spürte und sich über seine Rauheit nicht ärgerte.

Sie war glücklicher, seit sie Jean gesehen hatte, dessen Brief, in dem sie ihre Abenteuer getreu schilderte, sehr amüsant war. Aber sie fragte sich, was das Ende des Ganzen sein sollte?

Grace, die ein geregeltes Zuhause haben musste, und die arme Margaret, die völlig gefangen zu sein schien und nicht in der Lage war, sich um ihre Schwester zu kümmern, waren beide verwirrende Probleme.

Aber im Laufe des Lebens lernen wir, uns nicht so sehr um die Dinge zu kümmern, wir haben das Gefühl, dass eine Hand uns führt und beschützt und alles in Ordnung bringt – und wenn Frau Dorriman auf ihr Leben zurückblickt, lernt sie jeden Tag diese tiefere Lektion .

Sie war überrascht, dass sie nun im Renton Place so viele Besuche erhielt, wie sie es bisher nicht gewohnt war.

Die wenigen Nachbarn in der Umgebung, die in unmittelbarer Nähe wohnten, hatten kaum bemerkt, dass Mrs. Dorriman nach Renton gekommen war, um dort zu leben. Als sie mit der ganzen Herzensgüte der Nachbarn und dem echten Wunsch, eine Person kennenzulernen, von der alle Welt gut sprach, zum ersten Mal nach Renton ging, herrschte bei manchen eine verzeihliche Neugier.

Ein Mann, der als Millionär gilt und eine romantische Bindung zu seiner ersten Frau hegt, könnte auch für eine zweite Frau ein guter Ehemann sein. Dann auch die Frage nach den Mädchen, die bei ihm hätten wohnen sollen und die nicht bei ihm wohnten. Margarets Heirat mit einem Mann, der „alt genug war, um ihr Großvater zu sein", und ein gewisses kleines Geheimnis, wie das alles zustande gekommen war, weckten jenes Interesse an den Vorgängen in Renton Place, das sich zu einer Aktivität in Form von Besuchen entwickelte.

Die erste Person, die einen Besuch von ihr für angebracht hielt, war Mrs. Wymans, die sich mit einer Entschuldigung dafür entschuldigen wollte, dass sie vor Mrs. Dorriman die häuslichen Angelegenheiten von Mr. Sandford mit einer gewissen Freiheit erledigt hatte.

Die meisten Leute hätten gedacht, dass die Entschuldigung vielleicht schon früher erfolgte oder jetzt in Ruhe gelassen werden könnte; Aber diese Konditionalform, in der ihre Freunde den Fall darlegten, wurde von Mrs. Wymans mit plausiblen Gründen beantwortet. Sicherlich hatte sie immer daran gedacht, hinzugehen – aber wusste bis jetzt irgendjemand, dass Mrs. Dorriman mehr als eine Besucherin war? Hätte sie gewusst, dass sie wirklich eine Assistenzärztin sein würde? Natürlich wäre es sehr unhöflich, nicht anzurufen.

Mrs. Dorriman war überhaupt nicht geneigt, den angebotenen Olivenzweig zu verachten. Sie hatte keine Abneigung gegen Bekannte und war offensichtlich so froh zu sehen, dass die Leute freundlich zu ihr sein wollten, dass sich die Infektion ausbreitete. Da sie beliebt war, wurde sie äußerst beliebt; Eine Person, die sich ihrer Fakten nie so sicher ist, dass sie irgendjemandem widersprechen würde, wird immer gebilligt; und nachdem man viele Monate lang von der armen Frau Dorriman gesprochen hatte, nannte man sie nun die liebe Frau Dorriman, eine jener Frauen, die aus irgendeinem unerklärlichen Grund nie ohne ein Adjektiv erwähnt wird.

Die Besuche wurden durchgeführt und wiederholt – der einzige Nachteil bestand darin, dass Mr. Sandford noch nie von jemandem gesehen worden war –, obwohl Mrs. Wymans, die immer so tat, als hätte sie etwas mehr getan oder gesehen als ihre Nachbarn, zugab, sie von hinten gesehen zu haben einmal von seinem Kopf, was, wenn es wahr wäre, sicherlich bewies, dass er in der Lage war, sich an zwei Orten gleichzeitig aufzuhalten.

Um ehrlich zu sein, war die *Annäherung* zwischen Bruder und Schwester für Mr. Sandford nicht völlig zufriedenstellend.

Wenn Mrs. Dorrimans Gewissen so sensibel war, dass sie sich gegenüber ihrem Bruder wie eine Verräterin fühlte, weil ihr bestimmte Papiere bekannt waren und deren Inhalt *möglicherweise* etwas gegen ihn verraten könnte, hatte sein Gewissen, obwohl es nicht sensibel war, ein weitaus schwereres Gewicht darauf, obwohl es ihn nicht ständig belastete.

Es war unmöglich, mit einer so sanftmütigen, so sanften und so selbstlosen Frau zusammenzuleben, ohne zu lernen, sie zu mögen, aber die Zuneigung erzeugte großes Unbehagen; und manchmal war seine grobe Art eher eine Maske für seine unangenehmen Gefühle als aus irgendeinem anderen Grund.

Er war wieder auf den Beinen, auch wenn er das Gefühl hatte, dass er nicht mehr ganz die alte Klarheit seiner Wahrnehmung hatte, er wurde schneller müde und war immer dankbar, nach Hause zu kommen.

Dieses Zuhause war jetzt tatsächlich zu ihm geworden. Die Fröhlichkeit und Gelassenheit, die Ausgeglichenheit von Mrs. Dorrimans Temperament ließen ihn sich darauf freuen, nach Hause zu gehen, wo auf seine unbedeutendsten Wünsche eingegangen wurde und er die *Gewissheit hatte* , auf die gleiche ruhige Art und Weise erfüllt zu werden und keine Schwankungen im Verhalten zu zeigen , was das echte Zuhausegefühl vermittelt.

Frau Dorriman war nicht perfekt, sie besaß keine großen Begabungen, und sie war von Natur aus schüchtern und nicht besonders geeignet, sich über Themen, die nicht von häuslichem Interesse waren, eine Meinung zu bilden; Aber sie verstand, dass ein Mann, müde und besorgt wegen der Angelegenheiten außerhalb seines Zuhauses, dort Ruhe und Erfrischung brauchte, und sie wusste, wie sie beides geben konnte.

Die einst vorherrschende Tristesse war längst verflogen. Alles im Haus war jetzt für ihn hell und fröhlich und fröhlich, und jeder Tag schickte ihn mit dieser Erkenntnis tiefer in seinem Herzen nach Hause und voller Reue wegen bestimmter Taten von ihm, die jetzt nie mehr rückgängig gemacht werden konnten.

Mrs. Wymans hatte bei ihrem Erscheinen in Renton ihre Entschuldigung geprobt und dann festgestellt, dass sie anders formuliert werden musste.

Die extreme Stille in Mrs. Dorrimans Verhalten war ein Hindernis, mit dem sie kaum gerechnet hatte. Als sie diese Begegnung im Eisenbahnwaggon hatten, war die arme kleine Dame beunruhigt und nervös gewesen, ihr Verhalten war aufgeregt; und Mrs. Wymans, die eine scharfsinnige Beobachterin war, sah, dass sie das Gespräch über ihren Bruder aus gutem Gewissen unterbrach und dass sie es offensichtlich nicht auf schwesterliche Weise ablehnte.

Daraus zog sie mehrere Schlussfolgerungen, die nun alle beiseite gelegt werden mussten.

„Dein Bruder war, wie ich hörte, so krank, dass wir uns nicht gern einmischten, und bevor – bist du weggegangen –", sagte sie, was nicht im Geringsten das war, was sie sagen wollte.

„Ja", sagte Frau Dorriman, „wir sind weggegangen, und wenn Sie so freundlich gewesen wären, vorher anzurufen, hätte ich Sie nicht sehen können, mein Bruder war so sehr krank."

„Und Sie haben keine Krankenschwester?" sagte Mrs. Wymans und verriet damit ihr Wissen über die innere Wirtschaft des Haushalts. „Sie müssen die Pflege sehr mühsam und äußerst ermüdend finden. Ich kenne eine ausgezeichnete Frau, die jederzeit kommen könnte."

„Vielen Dank, aber ich bin froh, sagen zu können, dass die Müdigkeit ebenso wie die Krankheit der Vergangenheit angehört. Meinem Bruder geht es wieder ganz gut und er geht seinen gewohnten Geschäften nach."

„Natürlich mag er sein Geschäft, er ist so erfolgreich; im Prozess ist harte Arbeit nicht erfolgreich", und Mrs. Wymans sprach gefühlvoll.

„Ich denke, mein Bruder hat einigen Erfolg und wahrscheinlich auch einige Prüfungen, aber das sind auch nur Worte; wir reden nie zusammen über Geschäfte, und ich weiß nichts über seinen."

„Wirklich! Verzeihen Sie mir, liebe Frau Dorriman, aber wo ist dann das Mitgefühl? Und eine Frau hat so scharfe Augen. Ich ruhe nie, bis ich alles weiß, was vor sich geht – das ist meine Art, Mitgefühl zu zeigen."

„Aber es muss Ihren Mann ermüden, nicht wahr? Eine Frau kann nur eine Seite sehen, und dann kann sie nicht mit Ratschlägen weiterhelfen. Ihr Rat kann nicht nützlich sein."

„Das ist nur eine Idee von Ihnen", sagte Mrs. Wymans ein wenig verärgert, „und warum sollte eine Frau nur eine Seite einer Sache kennen?"

„Weil sie nur die Ansichten ihres Mannes hört; seine privaten Angelegenheiten dürfen natürlich nicht mit einer anderen Person besprochen werden, daher müssen die Ansichten der Frau ein wenig einseitig sein."

„Oh nein, meine sind es nicht. Ich höre etwas und sehe gleichzeitig sehr viele Seiten."

„Vielleicht sind Sie schlauer als ich", sagte Mrs. Dorriman in aller Demut, froh darüber, dass die Frage nach den Rivers-Mädchen jedenfalls nicht aufgetaucht war.

Mrs. Wymans musterte sie aufmerksam und wollte unbedingt erkennen, ob sie satirisch sprach oder nicht. In diesem Punkt etwas beruhigt durch Mrs. Dorrimans ruhiges Gesicht, trat sie etwas näher an sie heran und sagte vertraulich:

„Was für eine traurige Lage Mrs. Drayton ist!“

"Inwiefern?" Diese plötzliche Berührung des Themas versetzte Mrs. Dorriman einen schrecklichen Schock.

„Warum ihr Mann arm statt reich war und noch ein paar andere Dinge.“

„Macht es Ihnen etwas aus, mir zu sagen, was sonst noch so ist?“ und Frau Dorriman war sowohl alarmiert als auch verärgert.

„Nun, wenn Sie nichts wissen, ... aber wenn es nicht wahr ist, sollte ich es besser nicht wiederholen.“

„Sie müssen mir wirklich sagen, was Sie meinen“, und Mrs. Dorriman, die sanfteste aller Frauen, hatte jetzt sozusagen alle Gemüter zerzaust.

„Die Leute sagen, er trinkt“, antwortete Mrs. Wymans mit jenem plötzlichen Zweifel an der Weisheit ihrer Worte, der sie dazu brachte, sie unausgesprochen zu wünschen, sobald sie über ihre Lippen gekommen wären.

„Das ist sicher nicht der Fall“, entgegnete Frau Dorriman; Sie war ganz davon überzeugt, dass, wenn daran etwas Wahres gewesen wäre, sie gehört hätte, dass es gegen ihn gewirkt hätte, als ihr Bruder so erzürnt über sie gewesen war und viele bittere Dinge gesagt hatte.

„Ich bin so froh, das zu hören“, und Mrs. Wymans verlor ihr Unbehagen, weil es nicht stimmte.

„Es war eine merkwürdige Ehe für ein junges Mädchen“, bemerkte sie abrupt, da sie Mrs. Dorrimans Schweigen ein wenig bedrückend fand.

„Ich glaube, das war es. Aber obwohl mein Bruder ihnen ein Zuhause anbot, hatte er natürlich keine wirkliche Autorität über sie.“

„Ah“, sagte Mrs. Wymans, entzückt, der Sache auf den Grund gegangen zu sein, „die Leute waren ziemlich verwirrt darüber, dass er sie so ausführlich aufgegriffen hatte; würde es Ihnen etwas ausmachen, mir zu erzählen, liebe Mrs. Dorriman, wie das alles war?“ Was war das wahre Band der Vereinigung?“

„Warum sollte es mir etwas ausmachen, dir so etwas Einfaches zu erzählen?“ und Mrs. Dorrimans amüsiertes Gesicht war für ihren Besucher ein ziemlicher Schock; „Sie sind die Nichten seiner Frau: Er ist ihr angeheirateter

Onkel, und da er, wie Sie wahrscheinlich wissen, dem Andenken seiner Frau treu ergeben war, war er froh, sich mit ihnen anzufreunden."

„Und ist das wirklich alles?" rief Mrs. Wymans, die ihre Enttäuschung kaum überwinden konnte. „Warum wir alle dachten – jeder dachte – und die Leute etwas anderes sagten."

„Die Leute liegen falsch", sagte Frau Dorriman mit einem Lachen, das sehr aufrichtig war; „Ich selbst kann das Interesse an diesen privaten Angelegenheiten nicht verstehen, aber das ist eine einfache Tatsache. Mr. Rivers und mein Bruder heirateten zwei Schwestern, die einander ergeben waren. Als Mrs. Rivers starb, empfahl sie ihre Kinder Mrs. Sandford , und bei ihrem Tod versprach mein Bruder, sich mit ihnen anzufreunden. Das kommt mir so einfach vor.

„Das ist es auf jeden Fall", und Mrs. Wymans erhob sich, um sich von Mrs. Dorriman zu verabschieden, die sich nur einer schrecklichen Rede bewusst war; War es wahr, dass Mr. Drayton das getan hat, und wenn es wahr war, hatten sie Recht, als sie alles als selbstverständlich annahmen und Margaret seiner Gnade überließen? Ohne das Verbot des Arztes wäre sie direkt zu ihrem Bruder gegangen und hätte ihm ihre neuen Ängste vorgetragen. Aber sie erinnerte sich, dass er weder aufgeregt noch aufgeregt sein sollte, und sie saß entschlossen still, bis alle ihre eigenen aufgeregten Gedanken ruhiger wurden. Sie begann mit dem Stricken und arbeitete mechanisch weiter, während diese neue Verantwortung ihr das Gefühl gab, als hätte es noch nie etwas Bedeutsames auf der Welt gegeben. Es war ein ihr unbekanntes Übel; in den alten Tagen war ihr Vater ein Mann, der sowohl enthaltsam als auch kultiviert in seiner Umgebung war, und seit ihrer Heirat hatte sie, obwohl sie schreckliche Berichte in den Zeitungen gelesen hatte, so wenig in einer Stadt gelebt und so wenig Böses gesehen Sie fand, dass die Leute fast unnötig viel Aufhebens um Abstinenz machten; Sie konnte sich nicht vorstellen, dass etwas so Furchtbares wie Trinken ihre Bestellung berührte, obwohl sie wusste, dass es bei einigen armen, elenden Geschöpfen vorkam, an die sie selten ohne einen Schauder des Kummers, gemischt mit Ekel, dachte.

Der Gedanke an Margaret, mit all ihrer großen Liebe zu Reinheit und Frieden, einer so schrecklichen Sache ausgesetzt, war für sie etwas absolut Schreckliches; so entsetzlich, dass sie zusammenzuckte und das Gefühl hatte, jeder Moment sei ein grausames Unrecht für das Mädchen, das sie so sehr lieben gelernt hatte. Sie ging in das Zimmer ihres Bruders; Er setzte sich auf, und sie setzte sich neben ihn, so aufgeregt, dass sie verwirrt war.

„Sie hatten Besuch", begann er mit einem Lachen, in dem nicht viel Heiterkeit lag.

„Nur Mrs. Wymans", antwortete sie gleichgültig.

„Wenn sie dich hören könnte! Sie ist nach ihrer eigenen Einschätzung eine Person von großer Bedeutung.“

„Ich frage mich, warum sie angerufen hat“, sagte seine Schwester abwesend, zweifelnd an ihrer Fähigkeit, die Frage zu stellen, ohne Aufregung zu erregen.

„Ich werde es dir sagen“, antwortete er; „Im Moment herrscht große Neugier über Drayton; vor meinem Angriff trieben mich alle möglichen Fragen über ihn in den Wahnsinn. Er ist ein großer Dummkopf, wenn er aus seiner Adresse ein Geheimnis macht; es gibt keinen Grund, warum er das tun sollte.“ Er antwortet also nicht auf Briefe, er überlässt es jedem, Dinge zu vermuten, und wenn in dieser schönen Welt etwas nicht vollständig verstanden wird, ist die schlechteste und nicht die beste Interpretation die akzeptierte.“

„Dann glaubst du, dass es keinen Grund dafür gibt, dass er sich zum Schweigen bringt?“

„Es kann keinen Grund geben. Margaret wird ihm wahrscheinlich keinen Grund zur Eifersucht geben, und der Mann ist im Besitz aller seiner Sinne.“

„Immer und jederzeit?“ und Mrs. Dorriman beugte sich vor, atmete schnell und beobachtete sein Gesicht sehr besorgt.

„Anne“, sagte Mr. Sandford, und dieser Name von ihm war ein besonderes Zeichen der Freundlichkeit ihr gegenüber, „hat Ihnen jemand etwas erzählt? Verlassen Sie sich darauf, es ist nur Klatsch.“

„Es mag sich um Klatsch handeln, ich bin mir sicher, dass es unwahr ist; aber warum wird Margaret sozusagen zum Schweigen gebracht? Sie kann nicht einmal einen Spaziergang außerhalb des Geländes machen; Jean sagt, dass sie Grace schon so lange nicht mehr gesehen hat.“ , und es muss einen Grund dafür geben, dass er nie auf einen Brief antwortet.“

„Das habe ich noch nie gehört. Was meinst du mit Margaret? Ich glaube, du sprichst großen Unsinn.“

„Jean sagt, dass das arme Ding nie rauskommt. Zuerst ging sie raus und er ging mit ihr – folgte ihr wie ein Schatten – jetzt geht er nicht mehr selbst, und sie wird als vollkommene Gefangene gehalten. Niemand darf in ihre Nähe kommen das Haus. Ich versichere dir, Bruder, ich habe mich danach gesehnt, dass es dir gut geht, um darüber zu sprechen.

„Der Mann muss verrückt sein“, rief Mr. Sandford, und dann bemerkte er das Gesicht seiner Schwester. „Du hast etwas gehört, hast du noch etwas zu sagen?“ und sein eigenes Gesicht wurde rot.

„Bruder, regen Sie sich nicht auf. Sie wissen, dass der Arzt Angst davor hat, dass Sie krank werden, wenn Sie es tun.“

„Nun, dann machen Sie keine Geheimnisse", sagte er sehr wütend und mit viel von seiner alten Heftigkeit.

„Ich bin sicher", sagte die arme Frau, verletzt über eine solche Anschuldigung, „ich möchte keine Geheimnisse verbreiten, aber Mrs. Wymans sagte mir, dass sie gehört hatte, dass er getrunken hatte. Ich bin mir nicht ganz sicher, ob sie es so ausgedrückt hat." ganz so oder wenn sie mich fragte, ob er trinke.

„Nicht ein bisschen davon. Wenn er es tut, ist das etwas ganz Neues. Er war ein sehr enthaltsamer Mann. Sie erinnern sich vielleicht an seine Kopfschmerzen, und die Aussage, Wein habe diese Kopfschmerzen verstärkt."

„Das tue ich", rief Frau Dorriman freudig aus; „Wie ermüdend ist es, dass ich das vergessen habe, als diese Frau hier war. Sie hat so bedeutungsvoll gesprochen", und Mrs. Dorriman hielt sich wie immer irgendwie für die Schuld.

Mr. Sandford sagte nichts mehr, sondern lehnte sich zurück und dachte nach. Er machte sich zu Recht Vorwürfe, dass er derjenige gewesen war, der diesen Mann zu seinem eigenen Zweck ins Haus gebracht hatte – und jetzt ...

Er war frei von weiteren Vorwürfen; er hatte Gerüchte im Zusammenhang mit Mr. Draytons Familie gehört, die ihn sehr beunruhigt hatten, und *dann* hatte er sein Bestes getan, um seine Heirat mit Margaret zu verhindern; Sein Gewissen hatte viel zu ertragen, aber nicht das – nur hätte er vielleicht deutlicher sprechen können, er hätte ihr oder seiner Schwester etwas sagen können, was ihm zu Ohren gekommen war. Dann, als es zu spät war, *wusste er es* .

Es ging ihm besser, aber seine Kräfte kamen nicht so schnell zurück, und geschäftliche Angelegenheiten, die Position, die er innehatte, alles, was mit der Vergangenheit zusammenhing, begann an Bedeutung zu verlieren.

Aber Margaret! Es muss sofort etwas gegen sie unternommen werden; Eine schreckliche Angst überkam ihn vor ihr.

„Eines müssen Sie sofort tun", sagte er laut und folgte seinen eigenen Gedanken: „Sie müssen unverzüglich an Jean schreiben, ihr einen Scheck beilegen und ihr sagen, dass es wichtig ist, dass sie ihn und Briefe von ihr aushändigt." Schreiben Sie Margaret selbst in die Hand und sagen Sie ihr, dass sie Ihnen die Wahrheit und ihre Position mitteilen soll – schreiben Sie *sofort* ", wiederholte er, als ob seine Schwester, die zutiefst beunruhigt war, es nötig hätte Jede Sekunde verrät es.

Jean hatte im Großen und Ganzen ein ruhigeres Verhältnis zu Grace, die einen überraschenden Aufschwung hingelegt hatte. Sie konnte aufstehen und ihre Mahlzeiten genießen; Sie konnte sich auch über die Besuche von niemand Geringerem als Paul Lyons freuen.

Da Margaret verheiratet und außerhalb seiner Reichweite war, hatte dieser junge Mann eine große Zuneigung zu ihrer Schwester entwickelt, die jetzt in Lornbay ein sehr sanftes und gedämpftes Ebenbild von ihr selbst darstellt.

„Du bist nicht Margaret, aber du erinnerst mich an sie", sagte er sentimental.

„Wir sind Schwestern. Ich glaube, da gibt es eine Ähnlichkeit."

Grace war äußerst amüsiert über seine Gefühle und die kleinen Reden, die er ihr hielt. Sie hatte ihn schon immer sehr gemocht und war immer tolerant gegenüber den kleinen Manieren, die ihre hochgesinnte Schwester so provoziert hatten.

„Da bin ich mir persönlich nicht sicher", sagte er, „ich meinte Ihre Stimme und Ihr Verhalten und überhaupt etwas."

„Wir haben die gleiche Art von Nase", lachte Grace. „Macht nichts, Mr. Lyons, ich möchte, dass Sie meiner Schwester gegenüber loyal sind. Ich könnte niemals, *niemals* auf sie zukommen, und das weiß ich!"

„Du – du bist ähnlicher als letztes Jahr. Manchmal denke ich, dass du Margaret *sehr* magst", sagte Mr. Lyons tröstend.

„Danke. Ich weiß, das ist ein sehr großes Kompliment von dir."

„Glauben Sie nicht, Miss Rivers, dass Margaret mit einem Kerl wie mir *vielleicht* glücklicher gewesen wäre als mit einem alten Verrückten wie Drayton? – das tut mir so weh", sagte der junge Mann.

„Natürlich wäre sie glücklicher gewesen, aber es ist alles schiefgegangen", und Grace errötete lebhaft. „Ich habe alles falsch gemacht, und, armer, armer Liebling, sie hat sich selbst geopfert, um mich zu retten. Oh, Mr. Lyons! Man kann nie etwas so Schlimmes sagen, dass ich es als ungerecht empfinde. Ich hasse mich selbst von Tag zu Tag mehr." und zu seiner großen Bestürzung vergoss Grace, die sich normalerweise über Tränen lustig machte, sie jetzt.

„Ich erkläre, du bist Margaret so ähnlich, dass ich dich sehr liebgewonnen habe", rief Paul, „bitte weine nicht, es macht mich so … komisch!" und er sah auch unglücklich aus.

„Oh, wenn ich etwas *tun könnte*!" rief die arme Grace, die nun, da sie stärker war, weniger in der Lage war, passiv zu bleiben, und der ihre Schwester ganz und gar leid tat.

„Wenn man den Kerl nur erschießen könnte!" sagte Paul rachsüchtig.

„Sehen Sie, selbst wenn ich rausgehen könnte, hält dieser elende Mann Wache; er wird Jean nicht erlauben, meine arme Margaret zu sehen. Vor einiger Zeit gab es eine Hintertür, die jetzt verschlossen ist.“

„Aber warum verlässt sie das Haus nicht?“

„Wegen ihres Babys. Sie wird es nicht zurücklassen und er wird ihr nicht erlauben, es mitzunehmen, und ich verstehe das Gesetz nicht ganz, aber selbst wenn sie es nehmen würde, könnten sie sie zwingen, es zurückzuschicken.“ ihn, sagt sie.

„Grace“, sagte der junge Lyons, und er sah aus, als hätte er sich zu etwas entschieden, „ich wünschte, du würdest mich heiraten. Ich meine es ganz ernst“, sagte er und wurde ganz rot über ihren erstaunten Gesichtsausdruck; „Sehen Sie, wenn ich *ihr* Bruder wäre, könnte ich von Nutzen sein.“

Vielleicht wurde noch nie ein Vorschlag so merkwürdig gemacht, und noch nie wurde ein Vorschlag, der so anstößig war, so gut angenommen.

„Nein, Mr. Lyons“, sagte Grace lachend, während ihr Tränen in den Augen standen; „Du bist ein lieber, gutherziger Junge. Glaubst du, ich würde irgendetwas in der Art zustimmen? Verbanne allen Unsinn aus deinem Kopf und versuche zu sehen, ob es irgendetwas auf der Welt gibt, das wir tun können. Du bist fähiger, du bist stärker als ich denke!“

dachte Paul Lyons, aber er sah keine Möglichkeit, Margaret zu helfen, es sei denn, sie würde sich selbst helfen.

Keiner von ihnen wusste, was sich erst kürzlich am Limes ereignet hatte. Als Margaret, deren Herz voller Dankbarkeit für ihr Schreiben war und ein Schimmer tiefer und karierter Gefühle ihre Schritte leichter machte, als sie nach Hause ging, eine ermüdende Weile an der Tür warten musste.

Als schließlich der Diener kam, war Mr. Drayton bei ihm, und er war so aufgeregt und so gewalttätig gewesen, dass der Mann ihn kaum kontrollieren konnte.

„Ich bin sicher, gnädige Frau, er ist verrückt“, sagte er zu dem verängstigten Mädchen, „und ich werde morgen zum Arzt gehen; ich kann ihn jetzt einfach nicht allein lassen.“

„Oh, bitte, verlass ihn nicht!“ sagte Margaret entsetzt; „Aber morgen, ja, morgen muss etwas getan werden.“

Als sie zitternd vor ihm stand, hatte sie beschlossen, dass sie gehen und ihr Kind mitnehmen würde; Wenn er verrückt wäre – und sie wusste, dass er verrückt sein musste –, würde ihr sicherlich niemand ihr Kind wegnehmen.

Am nächsten Tag, sobald das Baby wach war, weckte sie die Krankenschwester. Es fiel ihr sehr schwer, ihr zu sagen, was sie tun wollte; Sie wollte jetzt sofort gehen, während ihr Mann, wie sie dachte, schlief und die Kinderfrau später vielleicht nachkommen würde.

„Er wird dich nicht mehr festhalten wollen", sagte sie, „sobald wir in Sicherheit sind."

„Aber wer zahlt meinen Lohn?" fragte die Krankenschwester, die überhaupt nicht einsah, warum sie ihren Verdienst aufs Spiel setzen oder mit einem Verrückten im Haus zurückgelassen werden sollte, wenn ihr Schützling und ihre Herrin weg waren.

„Natürlich wird das in Ordnung sein", sagte Margaret würdevoll.

„Sind Sie sicher, Ma'am? Denn hier heißt es, Sie hätten kein Geld, Ihre Schwester lebe in sehr armen Verhältnissen und Sie hätten den Herrn wegen seines Geldes geheiratet."

Margarets Gesicht war eine einzige Flamme.

„Du vergisst dich selbst", sagte sie, und dann wandte sie sich wegen der Schärfe dieser Worte ab. Hier lag eine Wahrheit – das hatte sie sich selbst eingestanden –, ihr auf die gröbste Art und Weise dargelegt! Hatte sie ein Recht, sich darüber zu ärgern?

Sie zog ihr Baby und sich selbst an, packte ein paar Dinge des Nötigsten unter, kniete dann nieder und bat um Hilfe und Führung. Es konnte nicht falsch sein, dorthin zu gehen, denn sie war sich sicher, dass ihr Mann verrückt war; sie musste gehen und ihr Baby mitnehmen, das ihr gehörte; Sie war sich sicher, dass ihr Mann ihr Schaden zufügen würde, wenn sie bliebe; Sie hatte schon lange eine unbestimmte Angst gehabt, aber die letzte Nacht hatte sie zum Zittern gebracht; Angenommen, er wäre auf diese Weise ausgebrochen, als der Mann nicht an seiner Seite war! Sie zitterte jetzt, als sie die Treppe hinunterging.

„Baby muss ruhig bleiben", flüsterte sie; Aber wie konnte das Baby das wissen? Als sie an der Tür ihres Mannes vorbeikamen, erschreckte und verletzte ihre verängstigte und enge Umarmung das Kind, und es stieß ein gewaltiges Gebrüll aus. Margaret ging zur Haustür; kein Schlüssel war da; Sie wandte sich der Schublade zu, um nachzuschauen, und fand ihren Mann neben sich.

"Wo gehst du hin?" donnerte er und hielt ihre Schulter wie in einem Schraubstock.

„Ich gehe raus", antwortete sie und versuchte zu sprechen, wobei sie die ganze Zeit vor Angst zitterte.

„Du gehst nicht durch diese Tür raus! Und außerdem, wie kannst du mit deinem kostbaren Kind im Regen rausgehen?"

Die arme Margaret blickte auf und sah dort tatsächlich, dass es stark regnete.

Ihr Herz sank und sie hielt unschlüssig inne.

In diesem Moment drehte sich der Schlüssel im Schloss und der Mann kam herein.

„Ich war beim Arzt und er kommt sofort", sagte er, und mit einem Gefühl der Verwirrung, wenn auch nur für eine Weile, ging die arme Margaret ihre müden Schritte die Treppe hinauf.

Sie war überreizt und weinte mit der Leidenschaft, die aus Schwäche und Verzweiflung entsteht.

Dann ließ sie ihr Kind oben und bereitete sich auf den Arztbesuch vor. Durch ihn würde sie sicherlich etwas arrangieren können.

Niemand, sagte sie sich immer wieder, würde wünschen, dass sie bei einem Verrückten bliebe, niemand konnte ein Kind in seiner Obhut lassen.

Und sie ging ins Wohnzimmer, und als sie den Arzt kommen hörte, floh sie schnell auf ihn zu und brachte ihn nach oben in ihr eigenes Zimmer. Sie würde ihm alles vorlegen und er würde ihr helfen.

Und als er ihr gerötetes Gesicht und ihre große Erregung betrachtete, fragte er sich, ob sie ihm von einer eigenen Krankheit erzählen würde; und im Bewusstsein einer gewissen Voreingenommenheit ihr gegenüber aufgrund ihrer Heirat mit diesem Mann und des Abschieds, den er zwischen ihr und – Sir Albert Gerald miterlebt hatte.

KAPITEL IX.

Seit dem ersten Gespräch, das Dr. Jones mit der armen Frau geführt hatte, hatten sich seine Gefühle der Bewunderung und des Mitleids deutlich verändert.

Die Erklärung ihrer Position senkte sie in seinen Augen erheblich. Vielleicht sieht niemand die völlige Leere des Lebens und die Bedeutungslosigkeit des Reichtums besser als ein Mediziner, der sieht, wie wenig Glück es jemandem bringt; wie wenig es (für sich genommen) für die arme Menschheit tut.

Er war angewidert, als er sah, dass es offenbar keine Entschuldigung für sie gab; und er war schockiert, als er einen Abschied zwischen ihr und einem jungen Mann sah, als er an Mr. Skidds Laden vorbeikam, denn hier war offensichtlich ein Liebhaber. Ihr Gesicht konnte er nicht sehen, aber Sir Alberts Gesichtsausdruck war unverkennbar.

Margaret, die keine Ahnung von seiner Kälte und offensichtlichen Missbilligung hatte, empfand das Sprechen als schwierig, viel schwieriger, als sie gedacht hatte.

„Ich möchte mit dir sprechen", sagte sie und errötete unter seinem forschenden Blick. „Ich möchte Ihnen von meinem Mann erzählen. Mir geht es sehr schlecht und ich habe große Angst."

„Hmpf!" sagte Dr. Jones, „Lassen Sie uns das Elend beiseite lassen und über Ihre Ängste sprechen. Was macht Ihnen Angst?"

„Die Gewalt meines Mannes. Er war gestern und heute Morgen so sehr gewalttätig; ich habe Angst, dass er mir eine Verletzung zufügt – ich habe Angst wegen meines Kindes", und Margaret schauderte.

„Was hat ihn gewalttätig gemacht?"

„Er kann es nicht ertragen, dass ich rausgehe. Er lässt mich nie raus, ich bin hier ein Gefangener!"

Er erinnerte sich daran, dass er sie draußen begleitet hatte, und in seinem Herzen glaubte er, dass sie ihm absichtlich eine Lüge erzählte.

„Wofür möchtest du ausgehen?" fragte er grob. „Was meinst du mit ‚ausgehen'?"

„Ich möchte meine Schwester öfter sehen."

Noch eine Lüge, dachte er. „Warum trotzt du ihm nicht und gehst?" sagte er und probierte sie; „Du könntest ihn ganz verlassen."

„Weil mir gesagt wurde, dass er mein Kind behalten kann, wenn ich gehe!" sagte Margaret leidenschaftlich.

„Natürlich kann er das."

„Es scheint so schwer zu sein", sagte sie.

„Tatsächlich? Ich stimme Ihnen nicht zu; warum sollte einem Mann sein Kind genauso vorenthalten werden wie einer Frau?"

„Aber wenn ein Mann – verrückt ist?" flüsterte die arme Margaret.

„Oh, da sind Sie doch, nicht wahr? Nun, ich glaube nicht, dass dieses Wort hier anwendbar ist. Es gibt Temperament, und es gab *Alkohol* . Sie werden mir verzeihen, wenn ich sage, dass Sie ihn, als Sie Mr. Drayton geheiratet haben, für etwas gehalten haben Ich glaube nicht, dass es ihm gesundheitlich gut geht, und sein Temperament ist – nun ja, gereizt – das ist das Schlimmste."

„Dann kannst du mir nicht helfen!" und die arme Margaret, die viel von ihm erwartet hatte, wurde grausam enttäuscht.

"Wie kann ich dir helfen?" fragte er ungeduldig. „Sie möchten, dass ich *aus irgendeinem Grund* sage, dass Ihr Mann verrückt ist – was ich nicht gesehen habe, um es zu beweisen – und ich werde *nicht* sagen, was ich nicht glaube."

„Ich möchte nicht, dass Sie es sagen; ich wünsche nichts als das, was wahr und richtig ist; aber ich kann nicht verstehen, wie Sie, ein erfahrener Mediziner, Mr. Drayton für völlig richtig halten können", flehte Margaret; „Wenn du ihn nur so sehen könntest, wie ich ihn gesehen habe!" und sie hielt inne, weil sie Angst davor hatte, jemandem, dem es offensichtlich an Mitgefühl mangelte, Gefühle zu verraten.

„Natürlich, wenn ich ihn mit Ihren Augen sehen würde", begann der Arzt kalt, umso vorsichtiger, weil er sich bewusst war, dass er trotz aller Missbilligung, trotz allem, was er wusste und gesehen hatte, anfing sich von ihrer leidenschaftlichen Anziehungskraft auf ihn beeinflussen zu lassen.

„Wir brauchen diese Angelegenheit nicht länger zu diskutieren", sagte Margaret, erhob sich und sah sehr hell und sehr blass aus, als sie im vollen Morgenlicht stand. „Aus irgendeinem unbekannten Grund – mir unbekannt – bist du nicht mein Freund; schließlich kennst du mich nicht. Wenn ich mein Leben unerträglich finde, habe ich Freunde, die mir helfen werden!"

„Nun, Frau Drayton, beantworten Sie mir eine einfache Frage", und der Arzt erhob sich ebenfalls und sah sie mit einem neugierigen Ausdruck von Misstrauen und wachsendem Interesse an: „Worüber haben Sie sich zu beschweren? Ist Ihr Mann grob zu Ihnen?" Hat er dir jemals eine Verletzung zugefügt?"

Arme Margarete!

„Er ist rau", sagte sie mit zögerndem Ton; „Er benutzt eine Sprache, die mir neu ist. Aber wenn Sie nichts Merkwürdiges in seiner Art erkennen können …" Ihre Stimme verstummte, ihre Hoffnungen waren verschwunden; Sie hatte eine schreckliche und undefinierbare Angst – sie hatte eine Wildheit in seinen Augen gesehen, die sie in geringerem Maße gesehen hatte, als sie ihn zum ersten Mal kennengelernt hatte; aber unsere eigenen Überzeugungen, die nicht durch irgendwelche Fakten gestützt werden, sind für andere Menschen nicht schlüssig – und für Dr. Jones, der in ihr eine sehr schöne Frau sah, die aber offensichtlich in der Lage war, zu täuschen, und die nicht zögerte, zu sagen, dass sie keine Freiheit hatte, als er hatte sie allein und draußen gesehen, war gegen sie gestählt.

Er hat das Gesetz mit der ganzen Autorität eines Mannes erlassen, der sich völlig bewusst ist, dass er das Recht auf seiner Seite hat.

„Madam, wenn Sie irgendeine konkrete Beschwerde haben – wenn Ihr Mann Sie jemals geschlagen oder in irgendeiner Weise misshandelt hat – dann sollte ich meinen Weg sehen, in Ihrem Namen einzugreifen; das Gesetz schützt Sie in einem solchen Fall."

„Ja", antwortete Margaret bitter, „Sie werden eingreifen, und das Gesetz wird mich schützen (?), wenn ich verletzt bin; es gibt keine Hilfe für mich, bis die Notwendigkeit der Hilfe vorüber ist."

Sie verneigte sich und verließ ihn – wohl wissend, dass ihre Worte nutzlos waren, und versuchte, sich zu trösten und ihr Schicksal ohne Murren zu ertragen . Hätte sie nicht gegen alle ihre Überzeugungen gesündigt, mit offenen Augen und aus Angst davor!

„Was für einen sehr unlogischen Verstand sie hat", sagte Dr. Jones, als er die Treppe hinunter stolzierte, zufrieden überzeugt, dass er standhaft geblieben war und dass ihre Anmut, das Pathos ihrer Stimme und ihre große Schönheit gleichermaßen missachtet worden waren. Die Gerechtigkeit war ohne Zweifel auf seiner Seite, dachte er.

Doch als er die letzte Stufe betrat, wurde ihm klar, dass an dem, was sie sagte, möglicherweise ein wenig Wahrheit steckte. Obwohl sie ihm absichtlich die Unwahrheit erzählt hatte, war vielleicht doch nicht alles falsch.

Er änderte seine Meinung und ging stattdessen sofort nach Hause, um Mr. Drayton aufzusuchen. Er fand ihn sehr ruhig, eher deprimiert, ohne eine Spur von Aufregung in seinem Verhalten.

Während des Interviews ereignete sich nichts, was der Angst der Frau auch nur im Geringsten Ausdruck verliehen hätte; und der Arzt ging, vollkommen überzeugt davon, dass Mrs. Drayton in mehr als einer Hinsicht völlig im Unrecht war.

Gerade als er die Haustür erreichte und von seinem eigenen gesunden Menschenverstand erfüllt war, hörte er ein Geräusch, das ihn erschreckte, ein lautes, seelenloses, bedeutungsloses Lachen, und als sich die Haustür vor ihm schloss, zog er mit seiner eigenen Hand, ein schnelles, Scharfe Bedenken schossen ihm durch den Kopf, und er wünschte, er hätte den Diener gesehen. Er hatte es nicht für notwendig gehalten. Aber seine eigenen Überzeugungen verdrängten diesen plötzlichen Gedanken bald, und das Ergebnis seines Besuchs war, seine Ansichten zu bestätigen und Anlass zu vielen moralischen Überlegungen darüber zu geben, wie eklatante Fehler durch ungewöhnliche persönliche Vorteile gekennzeichnet sein können.

Seine Frau, die klug und gutherzig war, aber nicht die große Wertschätzung für seine Talente hatte, die die eheliche Beziehung glücklich macht, war daran interessiert, dass die arme Frau und Mutter in einer so einzigartig zurückgezogenen Weise lebte. Sie hatte sie erst gesehen, da auf Margarets Wunsch und Zustimmung niemand jemals Zutritt zum Limes erhalten hatte, als sie festgestellt hatte, dass ihr Mann eine schreckliche Neigung hatte und sie nicht ändern wollte, wenn sie dazu in der Lage gewesen wäre also, jetzt hatte sich die Angst geändert.

Mrs. Jones war keine große Bewunderin der Fähigkeiten ihres Mannes – tatsächlich hatte sie erlebt, dass er in vielen Dingen besonders langweilig war; aber er war sehr freundlich zu ihr und bewunderte ihre Schnelligkeit so sehr, dass das Gleichgewicht, obwohl es auf der falschen Seite war, immer noch da war.

Alles, was in seinem Kopf vorging, konnte sie im Allgemeinen ziemlich deutlich lesen, und er hatte nichts dagegen, dass sie das tat. Er war immer ziemlich erleichtert, wenn sie ihre Gedanken auf eine Verwirrung richtete; Und obwohl er, was medizinische Fälle betraf, sehr diskret war, gab es Gelegenheiten, zu denen dieses Geschenk gehörte, bei denen es ein großer Trost war, dass seine Vorgehensweise von ihr gebilligt wurde.

Mrs. Jones gehörte zu den Frauen, die keine Neigung zu ausgedehnten Mahlzeiten hatten, und es war für sie immer eine Prüfung, wie besonnen und mit großer Freude ihr Mann bei diesen Gelegenheiten an den Tag ging. Manche Menschen haben kein Talent zum Essen, und ohne seinetwegen hätte Mrs. Jones sich nie dieser Zeremonie unterzogen – an der so viele festhalten –, bei der eine Reihe von Gerichten nacheinander präsentiert werden, als ob man nicht ein und dasselbe haben könnte Schluss damit, würde sie selbst sagen; und ihr Mittagessen bestand meistens aus einem oder zwei Äpfeln, die sie zwischen ihren feinen weißen Zähnen zerkaute, und einem Keks, dessen Härte ihre Leistungsfähigkeit auf die Probe stellte.

Aber sie war klug genug zu verstehen, dass ein gutes Abendessen für Mr. Jones wirklich wichtig war, und ohne sich selbst darum zu kümmern, stürzte sie sich in das Thema, und das Ergebnis war äußerst zufriedenstellend.

Sie ertrug die ausgedehnten Mahlzeiten, bei denen ihr rascher Untergang ein ständiger Groll war, mit etwas Arbeit auf ihrem Schoß, einer Arbeit, die ihre aktiven Finger beanspruchte und ihr die Freiheit gab, sich im Augenblick den Interessen ihres Mannes zu widmen.

Er hatte dies einmal für „nicht ganz das Richtige" gehalten und seine Angemessenheit in Frage gestellt.

„Aber es wäre viel besser für dich, wenn du es nur sehen könntest", hatte sie geantwortet. „Die Arbeit hindert mich nicht am Reden, und mein Abendessen schon", und dieses Argument war unwiderlegbar.

Mr. Jones war sogar zu dem Schluss gekommen, dass die Vereinbarung einen großen Wert darstellte, da seine Frau ihn jetzt nie zur Eile drängte oder durch kleine weibliche Zeichen zeigte, dass ihm die Zeit lang schien.

„Ich bin froh, meine Liebe", sagte er, als er in diesem angenehmen Stadium der Dinge angekommen war, in dem sein Appetit teilweise gestillt war und noch nicht gestillt wurde, „ich bin sehr froh, dass Ihre Bekanntschaft mit Mrs. Drayton nicht weiter ging." ."

"Warum?"

„Ich fürchte, meine Liebe (natürlich im strengsten Vertrauen), dass sie kein ganz unkomplizierter Mensch ist."

„Ich selbst kenne kaum jemanden, den ich für recht unkompliziert halte", antwortete Mrs. Jones ruhig. "Was hat Sie gemacht?"

„Ich glaube, du machst eine ziemlich pauschale Behauptung, mein Lieber", sagte er und beäugte mit einem Moment Bedenken eine gebratene Ente; es sah übertrieben aus.

„Kümmern Sie sich nicht um meine Behauptungen, aber sagen Sie mir, was das arme Ding getan hat?"

„Warum sagst du das *arme* Ding? Ich verstehe wirklich nicht, warum man sie bemitleiden sollte."

„Nicht wahr? Nun ja, das tue ich. Nennen Sie das Leben, das sie führt, ein angemessenes Leben für ein junges Geschöpf, das wahrscheinlich an alle Freiheiten eines Landlebens in Schottland gewöhnt ist? Ich denke oft an sie und erkläre manchmal, dass ich es gerne hätte mir den Weg in dieses trostlose Haus zu erzwingen und sie und ihr Kind daraus herauszuholen. Mrs. Jones sprach mit einer Vehemenz, die für ihren Mann völlig überraschend war.

„Wirklich, meine Liebe“, sagte er, „die schnellen Schlussfolgerungen, zu denen Sie gelangen, sind … verwirrend für meine langsamere Denkweise. Sie haben Mrs. Drayton einmal gesehen, und Sie sind bereit, ihr sofort Müdigkeit zuzuschreiben, und das.“ Das Haus ist ein stattliches Haus und sehr gut eingerichtet, und ...“

„Glauben Sie, dass Vorhänge und Teppiche eine Frau glücklich machen können?“ fragte Frau Jones ernst.

„Sie tun etwas dagegen, denke ich, wenn man von Ihrer eigenen großen Besorgnis über das Thema ausgeht.“

Herr Jones hatte einen Grund für diese Aussage.

„Alles, was ich zu sagen habe, ist, dass das Herz dieser armen jungen Kreatur gebrochen ist – ja, gebrochen. Ich habe noch nie jemanden gesehen, der so durch und durch elend ist wie sie.“

Mr. Jones war überrascht, aber nicht überzeugt.

„Ich habe sie neulich gesehen, allerdings nicht, um mit ihr zu sprechen“, fuhr Mr. Jones fort. „Sie ging zu Skidd, und ich wollte auch hineingehen, aber als *Sie* Einwände dagegen hatten, dass ich mit ihr verwechselt wurde, zog ich mich zurück. Eine Freundin von ihr war zufällig geschäftlich dort, und sie begrüßte ihn, und ich sah ihr Gesicht. und sein Ausdruck hat mich seitdem verfolgt.“

„Wenn Sie sie mit eigenen Augen gesehen haben, können Sie verstehen, dass es nicht ganz die richtige Aussage ist, wenn sie davon spricht, nie auszugehen“, und Mr. Jones, der sich danach sehnte, seine eigenen leichten Bedenken durch die seinen auszuräumen Frau, nahm seine Brille ab, rieb imaginäre Brillen von der polierten Oberfläche und setzte sie wieder auf.

„Eine Schwalbe macht noch keinen Sommer“, sagte Mrs. Jones mit so viel Verachtung in ihrer Bedeutung, wie sie es für angemessen hielt. „Es ist eine jedem hier bekannte Tatsache, dass sie nur einmal gesehen wurde und dass sie genau so festgehalten wird, als wäre der Limes ein Gefängnis und ihr Mann ein Gefängniswärter.“

„Wirklich, meine Liebe, heutzutage sind solche Ausdrücke ziemlich absurd.“

„Dass sie absurd sind, macht sie nicht falsch, und ich vertraue darauf, dass Sie dem armen Ding irgendwie helfen können, wenn Sie es tun werden.“

„Wenn sie einmal rausgegangen ist, kann sie es wieder tun.“

„Überhaupt keine Gewissheit; vielleicht hat sie es einmal geschafft, und doch, weil sie es geschafft hat, könnte es für sie unmöglich gemacht werden.“

„Es kommt mir vor, meine Liebe, dass Sie mehr darüber wissen, als ich mir vorgestellt habe", sagte Dr. Jones mit einer plötzlichen Wahrnehmung, die für ihn wirklich scharf war.

„Ich weiß, dass Mr. Drayton ihrer Schwester in der schlimmsten Nacht, die wir je erlebt haben, den Unterschlupf verweigerte; dass die Schwestern hingebungsvolle Waisen sind; dass eine Schwester krank ist und dass die andere eine Gefangene ist, deshalb können sie sich nicht treffen." . Sie haben ein oder zwei Freunde, und das Einzige, was mich wundert, ist, warum die Freunde sich nicht einmischen.

„Meine Liebe", und Dr. Jones sprach mit großer Verärgerung, „wie kann sich irgendjemand einmischen? An dem Mann ist nichts falsch. Ich habe ihn heute gesehen. Ich werde ihn nicht für verrückt erklären, seiner Frau oder irgendjemandem einen Gefallen zu tun." noch einer.

„Dann hat sie dich angesprochen?"

„Sie hat mir eine lange Geschichte erzählt. Sie wollte mehr Freiheit. Wie kann ich mich einmischen?"

„Und sie hat dich gefragt, ob ihr Mann – *das sei* ?"

"War was?"

"Verrückt."

„Sie sagte etwas, aber da ich sie hinausgebracht hatte und sie sagte, sie könne nicht hinausgehen, fühlte ich mich nicht sehr geneigt, ihre Meinung zu der Frage zu teilen", sagte der Arzt hartnäckig.

„Warum hast du Vorurteile ihr gegenüber?"

„Weil ich sah, wie sie die *Freundin traf*, von der du sprichst, und daraus meine eigenen Schlussfolgerungen zog."

„Nun, Sie sollten sich schämen", sagte Mrs. Jones sehr herzlich, „zutiefst schämen. Zufällig war das Treffen ein reiner Zufall. Mr. Skidd hat einige Gedichte veröffentlicht; er hat mir davon erzählt Zuerst zeigte er mir tatsächlich das erste Gedicht und fragte mich, was ich davon halte", sagte Frau Jones nicht ohne einen verzeihlichen kleinen Anflug von Befriedigung. „Ich fand es wunderschön. Dann kam der Herausgeber einer Zeitschrift in London vorbei und arrangierte, dass alles, was sie schrieb, erhalten wurde. Er rief zufällig an und traf Mrs. Drayton, und sie unterhielten sich über Geschäfte. Wie kann man so eine bösartige Konstruktion aufstellen? so eine einfache Sache, die ich nicht verstehen kann.

„Meine Liebe, ich dachte wirklich – wenn man zwei und zwei zusammenzählt –"

„Ich werde Angst haben, jetzt mit irgendjemandem zu sprechen, aus Angst, Sie könnten darin Böses sehen – Mr. Paul Lyons zum Beispiel –, ich werde mich weigern, ihm die Hand zu geben."

„Meine Liebe, ich wünschte, du würdest nicht auf eine solche Art abdriften. Das ist eine ganz andere Sache. Du bist nicht in ihrer Lage; du bist nicht jung und schön, und... Was in aller Welt ist los? Jetzt?"

Seine Frau stürzte aus dem Zimmer und verschmähte es, ihm zu antworten.

In der Zwischenzeit stellte sich Jean mutig all ihren Schwierigkeiten. Ihre größte Schwierigkeit bestand darin, dass sie es mit einer Frau zu tun hatte, einer Vermieterin, die Jean als „schlüpfriges" Wesen bezeichnete. Als sie feststellte, dass Jean sich um die Dinge kümmerte, war sie unverschämt; aber das hatte keine Wirkung. Jean blickte über ihren Kopf hinweg und ignorierte sie völlig.

Dann wurde sie unhöflich und reagierte weder auf ein Klingeln noch leistete sie Hilfe. Ihr nächster Schritt bestand darin, die Küche ständig brennen zu lassen, und wenn Jean etwas Suppe aufwärmen und etwas heiß machen wollte, brannte kein Feuer.

Sie ging davon aus, dass Grace auf lange Sicht das Beste daraus machen würde, da sie sehr krank war und nicht bewegt werden konnte.

Aber Jean war keine Frau, die sich davon abbringen ließ, ohne ihre Meinung zu äußern und zu versuchen, Abhilfe zu schaffen. Sie hegte eine große Verachtung für die „Wischiwaschi"-Stimme und das unordentliche Verhalten von Mrs. Cripps, einer Frau, die eine schwarze Mütze trug und nichts anderes als Bäckerbrot kannte und weder „einen Scone noch Haferbrei machen konnte". „Brot, lasst es Bannocks sein", sagte Jean eines Tages zu Grace, als sie über die Mängel des Hauses nachdachte.

„Ich bin froh", sagte Grace lachend. „Ich mochte Haferbrot nie. Ich habe immer das Gefühl, wenn ich jemals versuche, es zu essen, dass ich Sand esse; seien Sie bitte nicht beleidigt."

„Ich werde es nicht beleidigen, wenn nichts gemeint ist", sagte Jean ruhig; „Und Menschen werden nicht mit einem guten Geschmack geboren."

Die Wirtin versuchte vergeblich, ihr vornehmes Englisch zu sprechen und sich über sie zu stellen. Es gibt viele wie sie, die nicht zwischen Provinzialismus und Vulgarität unterscheiden können. Jean hatte eine scharfsinnige Zunge, und obwohl sie Grace versicherte, sie gut zwischen den Zähnen zu halten, hörte die Wirtin sie gelegentlich und spürte sie in ihrer ganzen Rauheit.

Die Scharmützel waren ausnahmslos amüsant für Grace, die hinterher auf ihrem Stuhl lag und über die Szenen lachte und sie Paul Lyons erzählte, der durch die Art und Weise, wie er sie immer noch sah, zeigte, wie wenig wirkliche Liebe für sie vorhanden war ihr und von Margaret zu hören.

Sie konnte nicht umhin, sich zu fragen, was sie in all diesem Unglück gewonnen hatte; es ging ihr so schlecht wie eh und je. Sie war immer noch von Herrn Sandford abhängig. Sie lebte in einer winzigen Unterkunft. Sie mochte den Arzt nicht und würde ihn niemals sehen, wenn sie es vermeiden könnte, und die Schwester, die ihr ganzes Leben lang ihr einziger großer Halt und Rückhalt gewesen war, hatte keine Freiheit, zu ihr zu kommen.

Sie hatte ihr Leben so anders geplant, und es kam ihr deutlich vor Augen. Wie stolz sie immer auf die Klugheit gewesen war, die lange auf die Probe gestellt worden war und in jeder Einzelheit versagt hatte. Doch als sie sich erst einmal erholte, lag es ihr überhaupt nicht mehr in der Natur, über unangenehme Dinge nachzudenken. Am ersten Tag, als sie ausging, fuhr sie zum Limes und nahm Jean mit, und sie fragten nach Mrs. Drayton.

„Mrs. Drayton ist draußen", sagte der Diener, der nicht wagte, etwas anderes zu sagen.

„Hoot! Mann", sagte Jean, „das brauchst du mir nicht zu sagen. Mrs. Drayton ist ja nie draußen."

„Schließen Sie sofort die Tür", rief eine wütende Stimme, und Mr. Drayton, der sehr abgemagert und wild aussah, kam zur Tür.

„Meine Schwester! Ich möchte meine Schwester sehen", und Grace streckte flehend ihre Hände aus.

Mr. Drayton kam die Stufen herunter und sah sie an; Dann machte er ein vollkommen teuflisches Gesicht, brach in schallendes Gelächter aus und schlug ihr die Tür vor der Nase zu.

Grace, schwach und verängstigt, klammerte sich an Jean, als sie nach Hause gingen. „Was sollen wir tun? Was sollen wir tun?" sie schluchzte. „Oh, Jean! Dieser Mann ist verrückt, und sie, meine arme Margaret, ist in seiner Macht!"

„Whist, mein liebes Kind", sagte Jean, die selbst den Tränen nahe war. „Whist! Ich denke, wir werden geführt", sagte sie ehrfürchtig und saß ein paar Minuten lang schweigend da. „Ich bezweifle, dass wir mit der Polizei sprechen müssen", fügte sie hinzu, als diese brillante Idee ihr Trost spendete.

Grace schrieb in dieser Nacht einen Brief an Mrs. Dorriman, in dem sie ihr zum ersten Mal alles erzählte, was sie wusste und alles, was sie fürchtete; sie drückte ihre Dankbarkeit für all die Freundlichkeit aus, die sie erhalten hatte;

Zum ersten Mal gab sie zu, dass sie schuld war, und bat darum, Mr. Sandford etwas von ihrem Gefühl auszudrücken.

Nachdem dies geschehen war, fühlte sie sich glücklicher als in letzter Zeit und stand am nächsten Tag in der Hoffnung auf, dass die Freiheit ihrer Schwester auf irgendeine Weise herbeigeführt werden würde.

Herr Lyons rief früh an und freute sich über ihr Vertrauen. Könnte er gehen und anrufen? Sicherlich könne es nicht schaden, fragte er besorgt; es könnte Zeit sparen.

„Es würde die Sache für meine Schwester nur noch schlimmer machen", sagte Grace, „und du würdest nichts Gutes tun."

„Aber es wird zeigen, dass sie – dass deine Schwester – Freunde in ihrer Nähe hat."

„Genau diese Tatsache könnte ihn zu noch mehr Gewalt verleiten, und meine Schwester würde darunter leiden."

ihn besuchen . Ich glaube nicht, dass er gewalttätig werden würde, wenn ich nach ihm fragen würde. Ich fürchte, er kennt mich, sonst könnte ich ein paar Rundschreiben annehmen und ihn geschäftlich aufsuchen."

„Als ob Sie etwas vom Geschäft verstehen würden."

„Ich versichere Ihnen, dass ich in letzter Zeit sehr hart gearbeitet habe. Ich habe mich sehr ernsthaft mit der Frage der Beschäftigung befasst."

„Ich bezweifle, dass du ernsthaft etwas getan hast", lachte Grace.

„Das ist ziemlich hart für einen Kerl, wenn einer es wirklich versucht hat."

„Kommen Sie, Herr Lyons, was haben Sie versucht?"

„Ich habe mich zunächst einmal als Agent angeboten. Agentur ist eine sehr gute Sache. Man gibt selbst kein Geld aus und das Geld anderer Leute bleibt an den Fingern hängen; es ist wirklich eine sehr einfache Sache."

„Und wofür sind Sie Agent, darf ich fragen?"

„Oh! Der Termin steht noch nicht fest, aber ich glaube, ich bin auf dem richtigen Weg dorthin. Es spielt keine große Rolle, was es ist, solange man die Leute zum Kauf bewegen kann. Ich habe im Moment zwei Dinge vor mir: wo ich wirklich eine sehr gute Chance habe.

"Hast du?"

„Sind Sie ausreichend interessiert, Miss Rivers, um zu hören, was sie sind?"

„Ich gebe mein Bestes, um mein Interesse zu zeigen, indem ich Ihnen mit beiden Ohren zuhöre."

„Ah! Aber Sie schenken mir *nicht* Ihre ungeteilte Aufmerksamkeit. Sie stricken, und gerade habe ich ganz deutlich gehört, wie Sie fünf zählen. Ein Kerl kann nicht mit einem Mädchen über seine Aussichten sprechen, während sie fünf zählt", sagte Mr. Lyons ein angewiderter Ton und ein Blick in den Raum, der ein imaginäres Publikum anspricht.

„Ich werde nicht noch einmal zählen – nur dieses eine Mal. Ich habe bereits einen Fehler gemacht." und Grace runzelte die Stirn und vertiefte sich für einige Augenblicke in ihre Arbeit.

„Miss Rivers, würden Sie wirklich jemanden mit sich reden lassen? Leben und Tod hängen nicht mehr oder weniger von ein paar Stichen ab."

„Nein, aber eine Socke tut es; und die liebe Frau Dorriman hat sich so viel Mühe gegeben, mir beizubringen, wie man eine macht."

„Du strickst immer", sagte der junge Mann unzufrieden.

„Nein, nur wenn ich mich sehr gut fühle", antwortete sie ernst; „Dann stricke ich alles Mögliche in meine Socke."

„Was für Dinge – Farben? Das Ding sieht für mich alle in der gleichen Farbe aus."

„Oh, ich meine nicht materielle Dinge, sondern Trauer und Reue – und die bitterste Reue", fügte sie die letzten Worte in leiserem Ton hinzu und ihre Augen waren unter gesenkten Lidern verborgen; dann seufzte sie.

Mr. Lyons seufzte ebenfalls, er hatte eine sehr gute Vorstellung davon, was sie meinte.

„Um auf Ihre Wünsche zurückzukommen", sagte Grace und lachte ein wenig, um ein Gefühl der Verlegenheit darüber zu vertreiben, dass sie Emotionen gezeigt hatte; „Was möchtest du mir sagen?"

„Es – es klingt jetzt ein wenig frivol. Ich wollte nur sagen, dass ich versucht habe, in jede Agentur einzudringen, die mir einfällt. Ich bin das Alphabet nach und nach durchgegangen und habe alles herausgesucht, was mir einfällt. Es ist ziemlich erstaunlich, wie viele." Für die W's habe ich gestern geworben, und für die X's und Y's habe ich heute die W's aussortiert, weil es so viele Firmen gibt, die das verkaufen oder verkaufen *wollen* nur trinkbarer Wein; und es ist ein Thema, über das ich ein wenig Bescheid weiß."

„Und du hast nichts?"

„Erheblich weniger als nichts. Eine Frage wurde gestellt – Vorstellungen – Referenzen, und da ich noch nie an eine Vorstellung gedacht hatte und mich auf niemanden bezüglich meiner Fähigkeiten berufen konnte – wurde ich rausgeschmissen. Ich muss sagen, dass ich mit Höflichkeit empfangen wurde „Ich hatte meinen besten Mantel an, und das zeigt sich", sagte er zufrieden.

„Vielleicht ergibt sich etwas", antwortete Grace fröhlich.

„Ich hoffe es; wissen Sie, ich konnte nie viel mehr tun, als meinen Namen zu unterschreiben – meine Handschrift ist einfach abscheulich. Es ist mir passiert, dass ich meine Adresse und Unterschrift aus meinem eigenen Brief herausgeschnitten und aufgeklebt habe, was die einzige Möglichkeit war." Ich löste das Problem, wo ich lebte, und dann wanderte es manchmal eine ganze Weile umher, bevor es mich erreichte;" und er lachte über die Erinnerung. Grace lachte mit ihm.

„Aber was ist dein Plan mit Margaret, meiner armen geliebten Schwester?" fragte sie und ihr Gesichtsausdruck veränderte sich.

„Wenn ich Agent für etwas wäre, an dem Mr. Drayton interessiert wäre, könnte ich darum bitten, ihn geschäftlich zu treffen, und wenn ich nur eine Empfehlung oder eine Vorstellung von ihm bekommen könnte, wäre alles einfach; wenn ich erst einmal im Haus bin, habe ich keine Angst." Der junge Mann hob den Kopf und schien auf alles vorbereitet zu sein, was passieren könnte.

Grace faltete die Hände. „Ich denke, es ist ein sehr guter Plan", rief sie, „und ich kann Ihnen selbst ein wenig helfen. Wie nennt man eine Manufaktur, die schreckliche Gerüche erzeugt und Bäume, Pflanzen und andere Dinge tötet?"

„Künstlicher Dünger?" sagte er, zog eine Liste aus seiner Tasche und verwies darauf.

„Oh, nein", sagte Grace ungeduldig, „dadurch sehen alle Bäume wie Skelette aus. Wer hat jemals davon gehört, dass Mist irgendetwas tötet? Er lässt sie wachsen."

„Ich sprach ohne nachzudenken und erinnerte mich nur daran, dass das einen entsetzlichen Geruch ausstrahlte, der ausreichte, um alles zu töten."

„Nun, denken Sie mit aller Kraft nach, oder noch besser, denken Sie nach und geben Sie mir Ihre Liste – und wenn ich den Namen sähe, müsste ich ihn kennen – und Sie können in der Zwischenzeit nachdenken", sagte Grace und sprach sehr schnell.

"Ich habe es!" rief sie, zeigte freudig mit dem Finger darauf und hielt ihm das Papier hin. „Chemische Werke! Vergessen Sie nicht, chemisch, chemisch, chemisch – sagen Sie es immer und immer wieder, aus Angst, es zu vergessen. Nun, Mr. Lyons, in Renton gibt es ein riesiges, großes chemisches

Werk, und Mr. Drayton hat das früher getan Ich erinnere mich, dass er eines Tages sagte, er habe Geld – eine Menge Geld – in diese Dinge investiert.

„Das reicht dann", sagte er. „Ich werde morgen früh nach Mr. Drayton fragen und fragen, ob er immer noch an den Renton-Chemiewerken interessiert ist. Sie werden sehen, alles wird gut gehen."

„Ich bete darum, dass es gelingt. Ich werde einen langen Brief an meine arme Liebste schreiben und sie bitten, mir genau den Sachstand mitzuteilen. Sie ist so schlau, dass ich *nicht* verstehen kann, dass sie nicht zu mir kommt. Sie muss welche haben." Wir wissen nichts von der Schwierigkeit, mit der wir zu kämpfen haben.

„Bitten Sie sie, selbst einen Plan vorzuschlagen, wenn sie Hilfe jeglicher Art benötigt", sagte der junge Lyons.

„Ja, nur ist sie so furchtbar gewissenhaft, dass sie Schwierigkeiten machen kann. Ihr Geist scheint so gebrochen zu sein."

„Wenn man diesen Mann lachen hört, wünscht man sich, nie wieder lachen zu wollen. Aber jetzt, wo ich etwas Bestimmtes zu tun habe, fühle ich mich glücklicher. Oh! Wenn alles gut geht."

„Ich hoffe, Lady Lyons ist nicht unruhig darüber, dass Sie so weit weg sind."

„Nein, sie ist an meine unregelmäßigen Bewegungen gewöhnt. Auf Wiedersehen, und wenn…"

Er blieb stehen, wurde ganz rot und verschwand schnell aus ihrer Gegenwart.

KAPITEL X.

Margaret fand, dass die Tage mit einer Monotonie vergingen, die für sie sehr schrecklich war. Manchmal gesellte sich ihr Mann zum Abendessen zu ihr, aber sie wusste nie, wann sie ihn erwarten sollte. Manchmal kam er ins Kinderzimmer, wo er da saß und sie und das Kind beobachtete, auf das sich ihre (in alle anderen Richtungen ausgehungerte) Liebe so vollkommen konzentrierte.

Sie lernte, schreckliche Angst vor ihm zu haben. Sie konnte nicht verstehen, wie der Arzt es mit seinem Gewissen in Einklang bringen konnte, ihn für geistig gesund zu halten; In seinen Augen lag eine solche Wildheit und in seinem Lachen eine Unbestimmtheit, dass sie vor Angst zittern ließ.

Sie vergaß die große Gerissenheit, die bei irgendeiner Art von Wahnsinn eine so große Rolle spielt, und während sie ihn immer mit nervösen Augen betrachtete, hörte sie ihn manchmal rational sprechen, ohne es zu merken, weil ihr Geist ständig auf Hochtouren war, und die geistige Angst ist es auch neigt dazu, alles zu verzerren. Allerdings hatte er im Allgemeinen Anfälle des Schweigens, wenn sie nur das Leuchten seiner Augen unter den zottigen Augenbrauen wahrnahm, und diese langen Phasen des Schweigens waren für sie viel, viel angenehmer als sein schreckliches Lachen. Jeden Tag betete sie mit ganzer Seele um Gesundheit und Kraft – sie versuchte, armes Kind, ihre Pflicht zu erfüllen, und manchmal war sie voller Mitleid mit seinem offensichtlich überaus unglücklichen Wesen und versuchte, mit ihm zu sprechen und ihn für ihr Kind zu interessieren. Er beobachtete sie unaufhörlich. Im Garten, wo jetzt Frühlingsblumen blühten, wo die Vögel zu zwitschern und zu zwitschern begannen und wo die Bäume grün leuchteten und ein weiterer Frühling gekommen war, um die Erde zu erfreuen.

Es löste keine Freude in ihrem Herzen aus, denn irgendwo musste es einen reaktionsfähigen Akkord geben, und um in das schöne Glück des Frühlings einzutreten, mussten die Pulse ein wenig schnell schlagen können und eine gewisse Sympathie zwischen der großen Neugeburt des Jahres und dem Seele muss möglich sein. Die Fröhlichkeit der Natur draußen kam ihr fast wie ein Hohn vor – genauso wie die überschäumende Heiterkeit einer zufälligen Bekanntschaft einen in Kummer versetzt.

Ihr Schreiben wurde zunehmend beachtet, und manchmal gelang es ihrer Krankenschwester, die zunächst unsympathisch und misstrauisch gewesen war, sie dann aber liebgewonnen hatte, ihr sorgfältig geschriebene Briefe von Grace und Nachrichten aus der Außenwelt, durch Margaret, mitzubringen Selten wagte sie es, sie zu einem solchen Versuch aufzufordern, denn sie fürchtete, dass ihr dieser eine Mensch, dem sie zu vertrauen begonnen hatte, weggenommen werden könnte. Sie fürchtete sich vor der Nacht, weil sie, obwohl sie mit ihrem Kind eingesperrt war und die Krankenschwester in einem Nebenzimmer schlief, oft in einem Anfall von Angst aufwachte und dachte, ihr Mann hätte sich auf irgendeine Weise Zutritt zu ihrem Zimmer verschafft und er drohte ihr sie und ihr Kind.

Sie ging mit traurigen Gedanken durch den Garten und beobachtete ihren kleinen Liebling, als es laut an der Haustür klingelte, ein Geräusch, das man so selten hörte, dass es sie erschreckte.

Mr. Drayton, der in einem Zimmer neben der Eingangshalle saß, deren Fenster einen Blick auf den Garten bot, ging wie gewöhnlich in die Halle, um sicherzustellen, dass niemand hinausging oder hereinkam, und hörte, wie ein Befehlshaber seinen eigenen Namen nannte und lautstarker Mann, der sofortigen Einlass verlangte, um ihn in dringenden Geschäften zu sehen.

„Sag ihm, dass ich mit dem Geschäft fertig bin, ich weigere mich, ihn zu sehen."

„Aber es wird Ihnen sehr leid tun, wenn Sie mich nicht sehen", sagte der Fremde in noch lauterem Ton. „Sie dachten, Sie hätten mit diesen Chemieaktien ein Chaos angerichtet, aber Sie waren ein viel, viel klügerer Mann, als wir Ihnen zugetraut haben. Diese Aktien, über die Mr. Sandford gelacht hat …"

„Komm rein, komm rein", sagte Mr. Drayton und rieb sich vor Freude die Hände. „Also hatte ich Recht und dieser alte Idiot hatte Unrecht, hah! hah! hah!" und er lachte schallend.

Der Fremde betrat das kleine Zimmer; Er könne kaum glauben, sagte er, dass man sich über Mr. Draytons scharfe Intelligenz lustig gemacht habe. Welche Anteile hatte er an diesen Werken? welche Papiere musste er vorweisen? Vielleicht war das eine Frage von keinem Moment. Wenn die Aktien verkauft worden wären … warum war das ein Unglück, es sei denn, er konnte sie zurückkaufen, bevor die Entdeckung, die große Entdeckung, bekannt wurde?

„Welche Entdeckung?" fragte Mr. Drayton in einem Moment misstrauisch.

„Dass du Recht hattest und alle anderen Unrecht."

„Wie kam es zu dieser Entdeckung?"

„Durch Experiment."

„Ja, aber wer hat das Experiment gemacht?"

Der Fremde beugte sich vor und sagte mit leiser Stimme: „Erinnern Sie sich an Ihren Manager, den Mann, der Sie verlassen hat?"

„Erinnern Sie sich an ihn! Sie wollen nicht sagen, dass er mittendrin steckt – der Schurke, der – der Schlingel." Dann überkam ihn erneut der Verdacht.

„Welches Interesse haben Sie an all dem?" fragte er sehr wütend und starrte den Fremden grimmig an.

„Zinsen? Du glaubst nicht, dass ich umsonst zu dir gekommen bin; das wäre eher ein guter Scherz", und er lachte herzlich.

„Natürlich nicht, natürlich nicht. Aber aus welchem Beweggrund? Niemand tut etwas umsonst", und Mr. Drayton legte eine Miene der Weisheit auf, in der List deutlich zu erkennen war.

„Das glaube ich tatsächlich nicht; und ich arbeite nicht umsonst, das kann ich Ihnen sagen. Erstens wurde ein Freund von mir auf die abscheulichste Weise behandelt – schockierend, beschämend!"

"Von wem?"

„Von jemandem, der mit diesen Werken in Verbindung steht" (und ich bin sicher, dass das wahr ist, sagte sich Paul Lyons, da er, dieser Mann, mit ihnen in Verbindung steht).

„Können Sie seinen Namen nicht sagen?"

„Nein, das kann ich nicht, es würde alle meine Pläne ruinieren, wenn ich es täte" (und das würde es auch, dachte er).

„Ich glaube nicht an desinteressierte Freundschaften."

„Ich auch nicht; aber ich habe vor, eine Belohnung zu bekommen."

„Von mir, nehme ich an", und Mr. Drayton lachte erneut.

„Von dir – und von jemand anderem. Wenn meine Ideen richtig sind – würdest du mir nicht einen guten Prozentsatz gönnen, oder?"

„Wie nennt man einen guten Prozentsatz?"

„Nun, ich will die Hälfte; ich will fünfzig Prozent."

„Fünfzig Prozent! Unsinn, absoluter Unsinn."

„Sie haben kein Recht, ‚Unsinn' zu sagen; und ich glaube, ich verschwende meine Zeit" (was auch wahr ist, es ist ganz wunderbar, wie ich heute die Wahrheit sagen konnte), und Paul Lyons empfand ein Ich strahle Zufriedenheit bei dieser Betrachtung aus.

„Ich weiß nicht, worauf Sie hinaus wollen;" und Mr. Drayton sah ihn so wütend an, dass Paul Lyons dachte, wenn er Margaret jemals einen solchen Blick zuwarf, reichte das aus, um ihr einen Wutanfall zu bereiten.

„Ich fahre auf Null", sagte er mit einem sehr deutlichen Ausdruck seiner
Wut. „Ich behaupte nicht, dass ich nicht abscheulich verärgert sein würde,
wenn Sie sich nicht mit dieser Angelegenheit befassen, denn ich sehe meinen
Weg, etwas Geld zu verdienen, aber es scheint mir, dass Sie keine Papiere
haben, die Sie mir zeigen könnten, und dass Sie Ich verstehe diese
Angelegenheit nicht sehr; ich glaube, ich sollte besser gehen – Zeit ist für
mich zu kostbar, um sie zu verschwenden."

Er stand auf und machte eine Bewegung zur Tür. Mr. Drayton legte seine
Hand an seine Stirn; er fühlte sich verwirrt; Er konnte nie mehr einem
Gedanken folgen, aber seine List machte ihn bestrebt, dies zu verbergen.

„Du kannst aufhören", sagte er und sprach etwas belegter und langsamer.
„Ich habe oben ein paar Papiere."

„Lass deinen Diener sie holen."

„Nein, sicher nicht. Ich werde selbst gehen."

Er verließ das Zimmer, und Paul öffnete das Fenster, warf ein Päckchen
heraus und schloss es wieder.

Margaret sah das Paket fallen, aber sie sah auch ihren Mann am Fenster im
Obergeschoss; Deshalb ging sie zur Enttäuschung des jungen Mannes weiter,
hielt die Hand ihres Kleinen und achtete nicht darauf.

Mr. Drayton kam zurück und hielt einige Papiere in seinen Händen.

„Warum hast du das Fenster geöffnet?" fragte er und Paul sah, dass sein
Verdacht erneut geweckt wurde.

"Öffne das Fenster!" antwortete er mit großer Geistesgegenwart. „Mein
lieber Mr. Drayton, wenn Sie das jemand anderem sagen würden, würde man
Ihnen Wahnvorstellungen vorwerfen!"

Mr. Drayton starrte ihn böse an und sagte nichts mehr. Paul nahm die
Papiere und warf einen Blick darauf. es waren Listen in Mr. Draytons eigener
Handschrift; und Listen, die kein vernünftiger Mensch geschrieben hätte.
Hier und da wurde eine Nummer notiert und eine lange, ausschweifende
Notiz über jemanden, der ihn angeblich verletzt hatte; Bemerkungen über
einen Mann, der verschiedene Formen annahm und ihm teuflische Gesichter
machte; und solche Dinge.

Paul Lyons hatte in solchen Fällen keine Erfahrung; Dieser Mann, den er für
verrückt hielt (obwohl er offensichtlich klare Phasen hatte), war für ihn eine
neue Offenbarung; aber sein Herz schlug heftig. Er hatte das Gesicht der
armen Margaret gesehen und erkannt, dass sie unter dem Einfluss der
Gefangenschaft und wahrscheinlich unter dem Einfluss von Ängsten litt;
und er war sich sicher, dass er Beweise in seiner Hand hielt, auf die man

hören musste – dass er jetzt das in seinem Besitz hatte, was ihre Freiheit gewährleisten musste.

Er tat so, als würde er in seinen eigenen Taschen nach Papieren suchen, und sagte nachlässig, während er die Papiere in die Brusttasche seines Mantels stopfte: „Ich werde mir diese ansehen und sie mit dem vergleichen, was ich zu Hause habe. Werde ich Sie finden? Sind Sie morgen wieder zu Hause, Mr. Drayton?"

Es kam keine Antwort, und als er zu ihm aufblickte, sah er, dass er mit bösartigem Gesicht aus dem Fenster blickte – es lag etwas Schreckliches in seinem Gesichtsausdruck, als er die arme Margaret beobachtete, die das Päckchen gesehen hatte und die andere nicht Ich habe es noch gewagt, es anzuheben. Sie war ein- oder zweimal nahe daran vorbeigekommen und hatte es mit einem unvorsichtigen Tritt unter einen Busch geschoben. Paul Lyons war verblüfft über dieses Zeichen der Feindseligkeit gegenüber Margaret und wusste nicht, was er tun sollte.

Er hatte Angst, es könnte noch schlimmer für sie werden, und dennoch konnte er es nicht ertragen, ohne ein Zeichen von ihr zu gehen.

„Ist das nicht deine Frau?" fragte er plötzlich. „Wirst du mich ihr nicht vorstellen?"

„Ganz unmöglich, Sir – ganz unmöglich. Meine Frau ist nicht ganz da; sie ist verrückt, das arme Ding, sehr verrückt."

„Tatsächlich? Nun, ich würde trotzdem gerne mit ihr sprechen, ich möchte sicherstellen, dass dies nicht noch einer von Ihnen ist ..." Er hielt abrupt inne.

„Ein weiterer meiner –! Fertig, bitte, fertig, mein lieber Herr;" und Mr. Drayton sprach in einem Ton unterdrückter Wut.

„Wahnvorstellungen", sagte der junge Mann ruhig und versuchte sich an all die verschiedenen Theorien zu erinnern, wie man einen Verrückten durch den Gesichtsausdruck bändigen kann, und starrte ihn eindringlich an, während er sich ständig des Scheiterns bewusst war.

Mit plötzlicher Wut wandte sich Mr. Drayton an ihn: „Ich glaube, Sie sind ein Betrüger, ein Betrüger, Sir, haben Sie gehört? Und Sie sind hierher gekommen, um mir Schaden zuzufügen." er ging drohend auf ihn zu.

„Sir", antwortete Paul, der sofort verstand, dass es keinen Moment für Kleinigkeiten gab, „ich werde gehen und der ganzen Welt sagen, dass Mr. Sandford recht hat; Sie verstehen nichts vom Geschäft; Sie sind beleidigend – und kurz gesagt: Niemand kann etwas aus dir machen.

Während er sprach, hätte Mr. Drayton ihn fast gepackt, aber er hatte Jugend und Tatkraft auf seiner Seite, und er entwischte ihm und blieb am Fenster stehen, nachdem er alle Stühle umgeworfen hatte.

„Nun, Sir", sagte er, „ich habe vor, selbst herauszufinden, ob Mrs. Drayton verrückt ist." Bevor Mr. Drayton die Hindernisse umgehen konnte, hatte er das Fenster geöffnet, das sich nicht viele Fuß über dem Boden befand, und war auf dem Rasen nahe der Stelle gelandet, wo Margaret mit tödlicher Sorge, das Paket könnte niemals in ihren Besitz gelangen, auf und ab ging her – sie hatte ihr Kind noch bei sich.

„Dein Mann ist verrückt", sagte Paul hastig flüsternd, „ich habe Beweise, und du wirst gerettet." Er bückte sich und hob das Kind hoch, um Mr. Drayton zu beruhigen, nachdem er diese wenigen Worte mit der armen Margaret gesprochen hatte, und vergaß dabei, dass das Kind, das an Fremde nicht gewöhnt war, Angst haben könnte.

Der Kleine, der den ganzen Morgen über ungewöhnlich unruhig gewesen war, weshalb Margaret ihn länger als sonst an der frischen Luft zu unterhalten versuchte, stieß die durchdringendsten Schreie aus, und gerade als Mr. Drayton fast auf sie zukam Schaum vor dem Mund. Sie wehrte sich und trat und umklammerte die Perücke, die Paul Lyons selbst für Margaret unkenntlich gemacht hatte, und riss sie ab, wodurch sein lockiges Haar zum Vorschein kam.

Ein perfektes Brüllen ertönte von Mr. Drayton.

Margaret, die ihr Kind in ihren Armen tröstete, beobachtete mit entsetzten Augen den schrecklichen Kampf, der darauf folgte. Der eine Mann, schwerer und stärker vor Wut, und der andere, geschmeidig und biegsam, hält ihn manchmal auf Distanz und schließt sich manchmal seinem Gegner an. Als sie sich der kleinen Seitentür näherten, sah Margaret, wie sie sich langsam öffnete, und sah den Diener dort.

Einen Augenblick später ergriff sie das Päckchen und stürmte ins Haus und nach oben, ohne Luft zu holen, bis die Türen hinter ihr verschlossen waren und sie sicher in ihrem Zimmer mit dem Kind war, von wo aus sie die Straße sehen konnte.

Der Kampf ging weiter und Paul war fast überwältigt, als der Diener eingriff, Mr. Draytons erhobenen Arm ergriff und Paul sagte, er solle gehen.

„Ich werde gehen, wenn Sie versprechen, Mrs. Drayton vor diesem Verrückten zu beschützen, bis ihr Hilfe zukommt", keuchte er, verletzt und atemlos, hatte aber das Gefühl, dass nicht alles gescheitert war, seit er ihr Hoffnung gegeben hatte.

„Es wird ihr nicht weh tun", sagte der Mann, „aber ich werde nicht aufhören. Ich würde nicht bei ihm bleiben", sagte er verächtlich, „nicht für das Doppelte des Geldes."

„Aber du wirst bleiben, bis jemand kommt, nicht wahr?" fragte Paul, ängstlicher als je zuvor.

„Dann muss er scharf aussehen", sagte der Mann. „Ich habe dem Arzt gesagt, was ich denke und dass es sich um einen Asylfall handelt, aber er hat sich nicht dafür entschieden, mir zu glauben, und ich werde nicht hier bleiben, um ermordet zu werden, das kann ich Ihnen sagen." Es ist die Arbeit von zwei Männern, sich um ihn zu kümmern, und er ist so schlau, dass er den Doktor fair sprechen kann, wenn er kommt, und der Arzt ist außerdem ein Idiot.

Paul verlor keine Zeit – er eilte aus dem Haus und machte sich auf den Weg zu einem Hotel, wo er versuchte, alle Anzeichen des schrecklichen Kampfes, den er gerade gehabt hatte, zu beseitigen und vor seinem alten, gepflegten Ich einen Ausweg zu machen.

Was sollte sein erster Schritt sein? Er durfte keine Zeit verlieren – Margaret auch nur für einen Tag der Macht dieses Verrückten zu überlassen, war für ihn schrecklich.

Nicht einmal an Grace wurde gedacht; Mit seinen Papieren umklammert, ging er zum Richter, der dem Bezirksgericht vorstand, schickte seine Visitenkarte und bat um ein Gespräch. Zuerst wurde er mit natürlichem Misstrauen empfangen, sein Gesicht war geschwollen und er sah insgesamt aus, als wäre er in einen Kampf verwickelt worden, obwohl seine Kleidung so sorgfältig arrangiert war – aber der Vorzug der Realität war da, und er zeichnete in leuchtenden Farben Die Lage der armen Margaret und die Behandlung, die er erhalten hatte, und was er um sie fürchtete, in einfacher Sprache ohne Übertreibung.

Der Richter konsultierte seinen Gerichtsschreiber und verschiedene Behörden mit einer wirklich wahnsinnigen Überlegung.

„Ich suche nach einem Präzedenzfall", sagte er und sah zu dem jungen Lyons auf, der vor Ungeduld fast stampfte.

Er blätterte die Blätter hin und her und las immer wieder Passagen, die ihm der Angestellte gezeigt hatte. Dann blickte er auf, als ihm eine glänzende Idee kam, und sagte, während er seinen Zeigefinger auf einer bestimmten Zeile hielt:

„Sind Sie der nächste männliche Verwandte der Dame?"

„Nein, das bin ich nicht. Ihr einziger männlicher Verwandter ist in Schottland sehr krank."

„Sind Sie mit ihr verwandt?"

„Nein, ich bin ihre Freundin."

„Mein *lieber* Herr", sagte der Richter, „warum verschwende ich meine Zeit auf diese Weise? Sie haben kein Recht, sich einzumischen – es gibt keinen Präzedenzfall für so etwas, überhaupt keinen Präzedenzfall", und er stand auf und lehnte sich an seinen Er legte seine Fingerknöchel auf den Tisch und blickte Paul Lyons an, als wäre seine Unkenntnis des Gesetzes fast Mitleid wert.

„Würden Sie mir einen Rat geben, Sir? Was soll ich tun? Können Sie mir nicht sagen, wie ich an die Arbeit gehen muss? Ihre Erfahrung kann mir sicherlich helfen."

„Nein, Sir; ich kann wirklich nicht die Verantwortung dafür übernehmen – die nächsten Verwandten der Dame müssen sich der Angelegenheit annehmen. Sie sollten sich besser nicht einmischen."

„Und wenn die Dame keine Verwandten hat?"

„Das, Sir, ist eine Position – hm – das Gesetz hat eine solche Position nie in Betracht gezogen. Ich muss Sie wirklich bitten, sich jetzt zurückzuziehen, Sie nehmen die Zeit des (er wollte „Gericht" sagen, korrigierte sich aber) – Ihnen in Anspruch nehmen meine Zeit in Anspruch, Sir."

Mit verborgener Wut verließ der arme Paul ihn und fand sich auf der Straße wieder. Was war das Richtige? Wie konnte er ihr helfen?

Er ging zu Grace, um sich mit ihr zu beraten; Sie weinte und lachte dann und wurde ganz hysterisch.

„Oh! du dummer Junge, ich bin ihr nächster Verwandter, und ich werde nach dem Arzt schicken; sie haben ihn zu mir geschickt, aber ich habe ihn losgeworden, ich mochte ihn so sehr nicht. Wir werden ihn hier haben, und ich werde sehen." wenn ich ihn nicht überreden kann, uns zu helfen.

Sie schrieb einen Zettel und schickte ihn ab, und Paul, der inzwischen wusste, dass er schon lange nichts mehr gegessen hatte, ging in sein Hotel und versprach, noch einmal zurückzukommen, um den Arzt zu treffen und ihm den Stand der Dinge zu erzählen.

Das Bild, das er von Mr. Draytons Gewalttätigkeit gezeichnet hatte, erfüllte Grace mit Besorgnis. Sie ging ruhelos umher und verbrachte die Zeit damit, verschiedene Beschäftigungen auszuprobieren und jede nach der anderen beiseite zu legen.

Als Jean vorbeikam, um zu sehen, ob sie etwas brauchte, fand sie sie im Fieber, und als sie hörte, war alles fast „wahnsinnig", wie sie sich ausdrückte. Sie redete und machte Vorwürfe und schlug alles in einem Atemzug vor. Die Polizei, das wäre eine Hilfe.

Als Mr. Lyons zurückkam, wurde ihm von Grace diese Idee gegeben, und er neigte zu der Annahme, dass sie hilfreich sein könnte. Er machte sich auf die Suche nach dem Hausverwalter und stieß dabei auf neue Schwierigkeiten.

Der Kommissar fragte, wovor er Angst habe, und lachte über den Gedanken, dass man ihn zum Schutz einer Dame auffordern sollte, die sich nicht beschwert hatte. Auf Drängen von Paul sagte er schließlich:

„Ich werde dem Mann an dieser Stelle sagen, er solle aufpassen, und wenn er Schreie hört –"

„Er bekommt natürlich sofort Einlass", sagte Paul eifrig und war entsetzt, als er hörte, wie seine eigenen Befürchtungen in die Tat umgesetzt wurden.

Der Superintendent lächelte – ein überlegenes Lächeln,

„Nein, Herr, er darf das Haus eines anderen Menschen nicht betreten, es sei denn, er wird *gerufen* , das würde gegen das Gesetz verstoßen."

„Dann muss er warten, bis ein Mord begangen wird, bevor er eingreift."

„Nun, sehen Sie, Sir, kleine Streitigkeiten und Dinge können nicht gestört werden, es sei denn, eine der Parteien bittet um Hilfe."

„Es scheint mir", sagte Paul, fast zur Verzweiflung getrieben, „dass die Gesetze überall eine Menge Änderungen erfordern."

„Vielleicht, Sir, das kann ich sicher nicht sagen, aber ich muss dafür sorgen, dass meine Männer ihre Pflicht erfüllen und sie nicht überschreiten."

Paul ging zurück, um Grace mitzuteilen, dass der Mann auf der Streife zur Stelle sein sollte, und glücklicherweise kam sie nicht auf die Idee zu fragen, was es für Margaret nützen würde, zur Stelle zu sein. Durch die Vermieterin hatte sie jedoch herausgefunden, dass zwei Ärzte, wenn sie Mr. Drayton für verrückt erklärten, eine richterliche Anordnung erwirken und ihn in Gewahrsam nehmen könnten.

„Schließlich hast du viel mehr getan als ich; ich habe meinen Tag verschwendet und nichts getan", sagte der arme Paul, der ziemlich müde war. Grace widersprach ihm nicht; Weit davon entfernt, zu glauben, dass sie viel getan hatte, kam es ihr so vor, als stünden all die wirklichen Anstrengungen, all die großen Prüfungen noch bevor.

Sie wartete ungeduldig auf die Ankunft des Arztes und überlegte in ihrer gewohnten Weise, was sie sagen und wie sie es sagen sollte.

Als er ankam, war er überrascht, sie sitzend vorzufinden, obwohl er sie sich sehr krank vorgestellt hatte; Er blieb stehen und sah sie ein wenig hilflos an – was wollte sie von ihm?

Wie man sich erinnern kann, war er an viel Schönheit nicht gewöhnt und war immer auf der Hut davor, sich davon in unangemessener Weise beeinflussen zu lassen.

Grace war nicht so schön wie Margaret, aber sie war nicht wie die gewöhnlichen Frauen, die er gesehen hatte; Er war in den Bann sehr älterer Damen geraten und sah sie privat, ohne jeglichen Schmuck, der den Zahn der Zeit vor der Außenwelt verbarg.

Grace mit ihren welligen Haaren, die über ihre Schultern fielen, einer erhöhten Farbe und funkelnden Augen, wirkte sich direkt auf ihn aus.

Eine so hübsche junge Frau muss sicherlich sehr böse sein. Doktor Jones ist nicht der einzige Mensch auf der Welt, der glaubt, dass Güte und Schlichtheit Hand in Hand gehen. Deshalb bereitete er sich von Anfang an darauf vor, in die Defensive zu gehen, und sein Tonfall, als er fragte: „Sie wollten mich sehen, Madam", war deutlich aggressiv, und Grace, sensibel und besorgt, erkannte den Tonfall und spürte, dass sie es gleich zu Beginn war auf eine Schwierigkeit gestoßen.

„Doktor Jones, Sie haben meine Schwester gesehen und kennen sie, Mrs. Drayton."

„Ich habe sie gesehen; ich kann nicht sagen, dass ich sie *kenne* ; man kann eine Person nicht erkennen, indem man sie nur einen oder zwei Moment lang sieht."

„Nun", sagte Grace etwas ungeduldig, „kennen Sie ihren Mann, Mr. Drayton?"

„Ein bisschen; ja, ein bisschen, ich kenne ihn."

„Wissen Sie, dass er – verrückt ist?"

„Nein, ich weiß nichts dergleichen. Wer sagt das, Miss Rivers?"

„Ich *weiß* es", sagte Grace, „und es muss sofort etwas getan werden!" Sie sprach mit steigender Aufregung.

„Ich kann nicht verstehen, worauf Sie hinaus wollen."

„Doktor Jones, ein Freund von uns, war heute dort. Er hat Mr. Drayton gesehen und mir gesagt, dass meine Schwester leiden würde, wenn nicht sofort etwas unternommen würde. Ich habe Angst um ihr armes Kind."

„Hat sie Angst um sich selbst?" fragte er mit einem unangenehmen Lächeln.

"Wie kann ich sagen?" sagte Grace wütend; „Er erlaubt ihr nicht, ohne ihn umzuziehen; sie ist eine sehr Gefangene in diesem schrecklichen Haus, sie kann mich nicht besuchen; sie ist einmal geflohen und er hat Mittel ergriffen, um zu verhindern, dass sie jemals wieder kommt. Er erlaubt ihr nicht, zu gehen." in die Kirche zu gehen oder eine einzelne Seele zu sehen. Er muss verrückt sein, er ist verrückt!"

„Wenn ich Mr. Drayton wäre und eine Frau wie Ihre Schwester hätte, würde ich dasselbe tun, Miss Rivers."

"Wie meinst du das?" sie weinte leidenschaftlich.

„Miss Rivers, Ihre Schwester hat mir nicht einmal erzählt, dass sie einmal ausgegangen war. Ich habe sie gesehen; ich habe gesehen, wie sie sie getroffen hat – ich *weiß*, dass es ihr Liebhaber war, in einem Geschäft."

Grace starrte ihn einen Moment lang an, dann lachte sie wild und hysterisch.

„Armer Paul!" Sie sagte; „Stellen Sie sich vor, stellen Sie sich vor, Sie würden für Margarets Liebhaber gehalten!"

Doktor Jones erhob sich; er war außerordentlich beleidigt.

„Sie und Ihre Schwester, Madam, müssen einen weniger ehrlichen Mann finden, der Ihnen hilft, Ihre bösen Pläne gegen das Glück des armen Mr. Drayton in die Tat umzusetzen. Ich bin unbestechlich!" und mit erhobenem Kopf und einem starken Gefühl tugendhaften Widerstands gegen Schönheit und Schmeicheleien bereitete er sich auf den Weg.

„Doktor Jones", sagte Grace, ihr Gelächter verstummte, „Sie haben etwas sehr Böses und sehr Lächerliches gesagt, aber Sie sollten besser gehen. Nachdem Sie sich eingebildet haben, dass an Margaret etwas nicht stimmt, kann ich es nicht ertragen, Sie zu sehen. Na ja, der Die einzige Entschuldigung für Sie ist, dass Sie wahrscheinlich genauso verrückt sind wie Mr. Drayton.

„Madam, Sie mögen jetzt die Maske abwerfen und unverschämt sein, aber nichts, was Sie sagen, wird mich bewegen. Ich werde einen Mann nicht für verrückt erklären, wenn ich glaube, dass er gesund ist, um Ihnen oder irgendjemand anderem zu gefallen."

„Das spielt überhaupt keine Rolle", sagte Grace kühl und sprach aus der Inspiration des Augenblicks, „denn der Mann, den ich wahrscheinlich heiraten werde, wenn ich stark werde, der Mann, den Sie für den Liebhaber meiner Schwester halten, wird es sein." Ich werde bald hier sein, und er wird höchstwahrscheinlich Sir Augustus Jermyn mitbringen. Ich habe großes Vertrauen in *ihn* , und Sir Augustus wird es wahrscheinlich vorziehen, den Namen des zweiten Medizinmanns selbst zu nennen.

Doktor Jones war sehr überrascht. Es war schwer, als ehrlicher Mann zu verhindern, dass er mit einem so bedeutenden Mann zusammengeworfen wurde.

„Ich – ich hätte nichts dagegen, Sir Augustus zu treffen und ihm meine Meinung zu sagen. Ich wäre stolz darauf, ihm bei der Urteilsbildung zu helfen."

„Daran habe ich keinen Zweifel", sagte Grace sarkastisch, „aber nichts wird mich jetzt dazu bewegen, Ihren Namen Sir Augustus gegenüber zu erwähnen. Sie haben meine liebste Schwester zu sehr voreingenommen und falsch eingeschätzt. Sie sehen, wie sie eine Freundin trifft, eine Freundin Ich hänge an uns beiden und ziehe sofort ungerechtfertigte Schlussfolgerungen. Ich werde dir niemals verzeihen, und wenn meiner Schwester etwas zustößt, wird die ganze Verantwortung auf dich fallen.

Doktor Jones zog sich zurück und bemühte sich, sich mit dem Gedanken zu trösten, dass er aus reinem Rechtsbewusstsein gehandelt hatte. Aber diese leise, ruhige Stimme – diese Stimme, der man zuhören kann oder nicht, die aber immer da ist – hat ihn verurteilt. Er wusste, dass er beschlossen hatte, ihr nicht zuzustimmen, weil er glaubte, dass Margaret im Unrecht war. Ihm wurde plötzlich heiß und er zitterte. Was wäre, wenn Sir Augustus käme und den Mann wirklich verrückt vorfände! Seine Meinung würde von nun an wertlos sein, und als er das dachte, war ihm die Erinnerung an Mr. Draytons Lachen höchst unangenehm.
Er sagte seiner Frau davon nichts; Er dürfe sich in ihrer Meinung auf keinen Fall herabsetzen.
Als er den Raum verließ, begann Grace darüber nachzudenken, ob Paul jemals davon gesprochen hatte, Margaret zu treffen. Nach und nach kam ihr dann alles klar. Sir Albert Gerald muss sie kennengelernt haben, und dieses Reptil von einem Arzt hatte gesehen, wie sie miteinander redeten. Damals hatte sie das vergessen.
Wie schwierig das Leben für sie gerade war und wie die Ängste um Margaret stärker als je zuvor über sie hereinbrachen.
Jean kam ins Zimmer, ihre große Bibel unter dem Arm, ihre Augen leuchteten zufrieden und friedlich. Sie bemerkte Graces besorgten Gesichtsausdruck und streichelte ihr langes Haar.
„Mein Kind", sagte sie, „ich weiß, es ist manchmal eine unruhige Welt."

„Es ist alles zum Besten gedacht", sagte Grace und brachte damit die Plattitüde zum Ausdruck, die ihr im Moment am nächsten kam.

„Oh! Sag das nicht. Das darfst du nicht sagen. Wir machen uns selbst Böses, Gott schickt es *nicht* ."

„Er lässt es zu", murmelte Grace.

„Bairn, ich frage dich und antworte aus deinem eigenen Gewissen: Wer hat uns all diese ermüdenden Schwierigkeiten zugefügt?"

Sie stand da wie eine inspirierte Sibylle, ihr braunes Gesicht und ihre heimeligen Gesichtszüge waren von einer göttlichen Wahrheit erleuchtet, und Grace blickte voller Gewissensbisse auf und konnte nur langsam und feierlich auf die Wahrheit antworten:

„Ich war es, Jean, ich selbst."

ENDE VON BAND. II.

www.ingramcontent.com/pod-product-compliance
Lightning Source LLC
LaVergne TN
LVHW091228180726

843490LV00006B/2006